Markus Wolf
HOW TO WOMO

AF198511

GOLDMANN
Lesen erleben

Buch

Millionen Deutsche entdecken das Reisen im Wohnmobil. Ob im XXL-Wohnbus mit Garage für den Smart oder mit cool und praktisch ausgebautem Van: In diesem Buch findet man alles, was man zum mobilen Reisen wissen muss. Beruflich oder privat, solo oder als Pärchen, mit Freunden oder Familie, die Wohnmobilreise bietet unendliche Möglichkeiten und stellt einen zugleich vor viele Herausforderungen. Mieten oder kaufen? Sommer- oder Wintercamping? Was muss ich vorm Start im rollenden Zuhause bedenken? Welche Gesetze der Wildnis sind beim Stehen im Gelände zu beachten? Wie bleibe ich vor Ort mobil, und wie kriege ich Internetanschluss? Der bekannte Vanlife-Blogger Markus Wolf lässt keine Fragen offen: WoMo-Wissen to go!

Autor

Markus Wolf ist Autor des erfolgreichen YouTube-Blogs »fan4van«, einem der größten deutschsprachigen Infoportale für Wohnmobilisten. Dort teilt der sportbegeisterte »Businesscamper« und Familienvater seine gesammelte WoMo-Erfahrung mit laufend neuen Praxistests, Tricks und Travel-Hacks mit einem Millionenpublikum.
Mehr Infos unter **fan4van.com**

Markus Wolf

HOW TO WOMO

Camper, Van und Wohnmobil
für Einsteiger

GOLDMANN

Alle Ratschläge in diesem Buch wurden vom Autor und vom Verlag sorgfältig erwogen und geprüft. Eine Garantie kann dennoch nicht übernommen werden. Eine Haftung des Autors beziehungsweise des Verlags und seiner Beauftragten für Personen-, Sach- und Vermögensschäden ist daher ausgeschlossen.

Sollte diese Publikation Links auf Webseiten Dritter enthalten, so übernehmen wir für deren Inhalte keine Haftung, da wir uns diese nicht zu eigen machen, sondern lediglich auf deren Stand zum Zeitpunkt der Erstveröffentlichung verweisen.

Penguin Random House Verlagsgruppe FSC® N001967

4. Auflage
Originalausgabe August 2021
Copyright © 2021: Wilhelm Goldmann Verlag, München,
in der Penguin Random House Verlagsgruppe GmbH,
Neumarkter Str. 28, 81673 München
Umschlaggestaltung: Uno Werbeagentur, München
Umschlagmotiv: Mauritius/BY; Autorenfotos: Privat
Innenteil: Mit Ausnahme der Fotos auf
S. 53 (*Dethleffs GmbH & Co KG*), S. 55 (*Carthago Reisemobilbau GmbH*), S. 58
(*Malibu GmbH & Co. KG*) und S. 60 (*Concorde Reisemobile GmbH*) stammen
alle Fotos im Innenteil aus dem Privatarchiv des Autors.
Redaktion: Hendrik Heisterberg
Projektleitung: Katharina Fokken
Satz und Layout: Buch-Werkstatt GmbH, Bad Aibling
Druck und Bindung: PB tisk, a.s., Pribram
Printed in the Czech Republic
KF · cb
ISBN 978-3-442-17935-0

Besuchen Sie den Goldmann Verlag im Netz

INHALTS-
VERZEICHNIS

VORWORT **9**

1 – WARUM WOMO? **13**
Bist du ein Camper? **19**
Camping ist nicht gleich Camping **21**
Campingplatz, Stellplatz, Freistehen – was darf es sein? **29**

2 – WELCHES WOHNMOBIL
PASST ZU MIR? **41**
Die Reisemobiltypen **47**
Fahrzeugtechnik **64**
Schwerwiegende Frage: Darf's ein bisschen mehr sein? **69**
Pimp your WoMo **75**

3 – TECHNIK IM WOHNMOBIL **81**
WoMo-Strom **82**
Die Wasserversorgung im mobilen Apartment **92**
Das WoMo-Klo **97**

Temperaturen im WoMo **99**

Die Küche **105**

Das Camper-Kino **106**

Internet im Wohnmobil **107**

Sicherheit im WoMo **111**

Navigation **113**

NÜTZLICHE LISTEN **118**

4 – ZUBEHÖR FÜRS WOMO **127**

Grundausstattung **128**

Essen & Trinken **135**

Hygiene **139**

Schlafen und Chillen **141**

Drum und Dran **143**

Tipp zum Zubehör **147**

5 – DIE REISEPLANUNG **149**

Routenplanung **150**

Deinen Lieblingsplatz finden **156**

Maut kalkulieren **162**

Fähren buchen **166**

Versicherungen **169**

Die Welt braucht Wohnmobil-Checklisten **172**

6 – DER ROADTRIP **179**

Richtig beladen **179**

On the road **185**

Der ultimative Stellplatz-KNIGGE **189**

Camping-Typen 192

Mobilität vor Ort 196

Erlebnis Wintercamping 199

Businesscamping – warum nicht? 204

7 – NACH DER REISE (IST VOR DER REISE) 209

Zurück an der Homebase 209

Richtig parken 215

WoMo einmotten 219

GLOSSAR 222

VORWORT

Liebe Leserin, lieber Leser,

bevor wir loslegen, möchte ich dich vorwarnen: In diesem Buch wirst du geduzt, was dir in einem Ratgeber vielleicht erst einmal ungewöhnlich vorkommt. Unter Campern ist das Du aber durchaus üblich. Sollten wir zwei uns also irgendwann einmal über den Weg laufen, darfst du mich natürlich sofort zurückduzen.

Falls du einen trockenen, biederen 0815-Ratgeber suchst, der dir erklärt, wie du Urlaub mit dem Wohnmobil machen sollst, dann lege HOW TO WOMO am besten gleich wieder weg. Ich finde: Das eine »Richtig« gibt es beim Camping nicht – aber unendlich viele Möglichkeiten! Mit meinem Buch möchte ich dir eine Hilfestellung geben und dich bei deinen Entscheidungen unterstützen, ohne dir vorzugeben, was das Beste ist. Willst du das Thema Camping mit dem Reisemobil also entspannt angehen und dich für dieses fantastische Hobby in all seinen Ausprägungen und Facetten begeistern lassen, dann ist HOW TO WOMO genau das Richtige für dich!

Urlaub, Dienstreise oder einfach das mobile Bett – mit dem Wohnmobil unterwegs zu sein kann die verschiedensten Gründe haben. Auch Urlaub ist nicht gleich Urlaub, denn Routen, Ziele und Reisedauer unterscheiden sich gewaltig. Dennoch verbindet uns WoMo-Reisende alle eine gemeinsame Motivation: das Gefühl von Freiheit und Unbestimmtheit. Vermutlich einer der Gründe, warum du gerade diese Zeilen liest.

Neben technischen Ratschlägen möchte ich dir von meinen eigenen Erfahrungen berichten und mit vielen Tipps und Tricks dazu beitragen, dass jede Tour mit deinem gemieteten oder eigenen WoMo zum »Erlebniserfolg« wird.

HOW TO WOMO hat nicht den Anspruch der Vollständigkeit – falls du also Antworten auf Spezialfragen suchst, schau dich besser nach Fachliteratur um. Mein Ratgeber soll dir einfach einen guten, schnellen Überblick verschaffen, Stolperfallen aufzeigen und dich zuverlässig an die Hand nehmen, damit du bald sagen kannst: Schon meine erste WoMo-Tour war nicht nur schön, sondern dank diesem Buch ein echter Knaller!

Du bekommst die wichtigsten Infos zu Fahrzeugen, Zubehör, Technik und Vorbereitung sowie zu deinem Roadtrip und schließlich zum Überwintern. Damit sich dieses Buch dauerhaft in deinem Handschuhfach bewährt, gibt es nach jedem Kapitel jeweils eine kurze Zusammenfassung und leicht zu findende Checklisten in der Buchmitte. Einige Begriffe sind mit einem ◉ Pfeil versehen – eine Erläuterung dazu findest du jeweils im Glossar am Ende des Buchs.

»Normal« ist HOW TO WOMO auch deshalb nicht, weil ich als YouTuber darin Papier- und Onlinewelt verknüpft habe. Um in unserer schnelllebigen Welt weiterhin alle genannten Services (Apps, Reiseplattformen usw.) möglichst aktuell zu halten, werden sie auf **www.how-to-womo.de** langfristig aktualisiert. An jedem Kapitelende findest du jeweils den entsprechenden Link, damit du hoffentlich auch in einigen Jahren immer noch Freude mit meinem Büchlein haben wirst.

An dieser Stelle sei mir auch erlaubt, mich zu bedanken. Einmal bei dir, weil du einen ganz großen Teil zu meiner Motivation beiträgst, dieses Buch und all meine anderen Beiträge zu verfassen! Außerdem möchte ich mich bei Katharina und Hendrik bedanken: Ihr seid klasse, und ohne euch hätte es dieses Buch nie gegeben. Hey – und eines ist auch ganz klar: Ohne die Unterstützung meiner Familie hätte es mir nie so viel Spaß gemacht. Ihr habt mir den Freiraum gelassen, Feedback gegeben und immer wieder probegelesen.

DANKE!

Jetzt aber Schluss mit langen Vorreden. Ich wünsche dir eine Menge Spaß und Ideen beim Lesen, Lernen, Abhaken und Nachschlagen – und natürlich viele tolle WoMo-Erlebnisse. Komme gesund und glücklich wieder zurück!

Dein Markus

1

WARUM WOMO?

Erzählte man früher von seinem Camping- und Wohnmobilurlaub, wurde einem schnell das Spießerimage angehängt. Camping war nicht schick, es war nicht glamourös, im schlimmsten Fall kam sogar noch die Frage, wie viele Gartenzwerge man auf der Reise dabeihatte.

Heute wandelt sich das komplett. Das altbackene Campingklischee hat kaum noch etwas mit der Realität zu tun. Modernes Camping bedeutet Vielfalt, und das ist seine große Stärke. Es gibt Unmengen an unterschiedlichen Wegen und Varianten, dieses Hobby zu leben. Wahrscheinlich findest du deshalb weder den einen ultimativen Ratgeber zum Thema Camping allgemein noch speziell zum Thema Reisen mit dem Wohnmobil, eine der beliebtesten Campingvarianten.

Auch die Begriffe verändern sich: Du fährst nicht mehr mit deinem Wohnmobil in den Urlaub – du gehst auf einen »Roadtrip«. Das klingt doch gleich viel cooler. Solltest du als Wohnmobilist sogar öfter als einmal im Jahr damit auf Tour gehen, wirst du gar zum »Vanlifer«.

Camping per Wohnmobil steht nicht erst seit Corona für Lifestyle. Der Trend begann schon lange davor. Inzwischen haben sich die vielen Vorteile herumgesprochen, die diese Art des Reisens mit sich bringt.

Pro WoMo

Vorteil Nummer eins beim Reisen im WoMo: die grandiose Flexibilität. Du möchtest dich einfach treiben lassen? Das ermöglicht dir der Camper definitiv. Fasziniert dich ein Stellplatz, weil die Stadt dich beeindruckt, die Natur dich umhaut, die Welle gut steht, der Wind stimmt? Oder weil du Zeit mit diesem einen besonderen Menschen verbringen möchtest? Das WoMo gestattet dir, deine Reiseplanung so individuell zu gestalten, wie du es gerade brauchst. Im Hotel könnte das schwieriger werden. Die Kombination aus

Ungebundenheit und Flexibilität verkörpert genau dieses Freiheitsgefühl, von dem der Camper träumt.

Wenn du dagegen mit dem normalen Auto in den Urlaub fährst und nicht campen möchtest, wirst du um eine Hotelbuchung kaum herumkommen. Zumindest bist du an die Orte gebunden, wo sich Hotels, Pensionen oder Ferienwohnungen befinden – vom Kofferschleppen ganz zu schweigen. Das Wohnmobil erlaubt hier ganz längeren und neue Freiheiten, auch im Vergleich zu anderen Campingformen. Du bist nie an feste Orte und Plätze gebunden. Je nach Ziel übernachtest du direkt in der Natur oder womöglich vor einer beeindruckenden Kulturkulisse wie zum Beispiel einer Burgruine. Sobald die Augen schwer werden, kannst du dich einfach in deiner kleinen mobilen Wohnung ausruhen.

Ein weiteres Topargument für das Wohnmobil: die Toilette. Während andere Mitstreiter der Autobahn für jede Notdurft Geld bezahlen oder ihre Ekelgrenze überwinden müssen, steht dir wenige Schritte entfernt dein eigenes Badezimmer zur Verfügung. Nur vorher stoppen und parken ist Pflicht!

Diese Situation kennst du bestimmt auch: Du stehst im Stau, die Sonne knallt auf den Asphalt und alle sehnen sich nach einem schönen, kühlen Wasser. Dann greife einfach in deinen Kühlschrank und verteile draußen Erfrischungen – schon hast du viele neue Freunde gewonnen.

Ähnlich ist es mit dem Essen: Wie oft musste ich mich schon über minderwertige Mahlzeiten ärgern? Wie oft schon blieb der Tankstellenkiosk meine einzige Option, weil weder ein Restaurant noch ein ordentlicher Supermarkt in Reichweite war? Mit dem Camper ist das alles anders. Denn in der kleinen Küche mache ich mir zu jeder Zeit an jedem Ort das Essen, das mir schmeckt.

Camping kostet Zeit und Geld

Wo die Sonne scheint, fällt immer auch Schatten. So stellt dich auch das Reisen im WoMo vor einige Herausforderungen. Du wirst beim Camping letztlich immer mehr Arbeit haben als in einem Hotelurlaub. Je nach Art der Reise, die du mit deinem Wohnmobil unternimmst, fallen mehr oder

Hotel vs. Campen

	Hotel	Camping
2 Erwachsene – Übernachtung inkl. Halbpension	160,00€	
1 Kind – Übernachtung inkl. Halbpension	60,00€	
Fahrzeugmiete pro Nacht		80,00€
Stellplatz (inkl. 2 Erwachsene) pro Nacht		39,00€
1 Kind		6,00€
Strom pro Nacht		2,00€
Essen für Familie (Frühstück + Abendessen) pro Tag		60,00€
Summe:	**220,00€**	**187,00€**

Hinweis: Ein Wohnmobil kann man oft nur über einen längeren Zeitraum mieten. Zudem können Servicegebühren (zum Beispiel für die Endreinigung) anfallen!

weniger Handgriffe an. Während dieser Zeit kannst du nicht die Beine hochlegen und ausspannen.

Ist Camping billiger als andere Reiseformen? Die klare Antwort lautet: Jein. Camping versus Hotel ist der klassische Äpfel-Birnen-Vergleich, denn Luxus- und Sparvarianten gibt es bei allen Urlaubsformen. Man kann ein Fünf-Sterne-Hotel auf den Malediven buchen oder den Campingurlaub am Schliersee. (An der Stelle sei gesagt, dass ich den Schliersee liebe!) Möchte man seine Reiseoptionen in Geld aufwiegen, dann muss man auch mit einer ehrlichen Gegenüberstellung kalkulieren.

Ein Beispiel: Für eine Hotelübernachtung in einem schönen Vier-Sterne-Hotel am See im bayerischen Voralpenland bezahlt man 80 Euro pro Erwachsenen, 60 Euro pro Kind, inklusive Halbpension. Bei einem Campingurlaub setzen sich die Kosten anders zusammen: Ein durchschnittlicher Camper kostet inklusive aller Gebühren und Versicherung pauschal ca. 80 Euro am Tag. Hinzu kommen der Campingplatz sowie eine Zusatzgebühr für jede weitere Person, wobei sich die Preismodelle der Plätze oft in der Zusammensetzung unterscheiden.

Zur Verdeutlichung hier eine Beispielrechnung mit drei Reisenden (Paar mit Kind). Damit der Vergleich zum Hotel nicht hinkt, habe ich einen Platz mit schöner Ausstattung gewählt.

Hotel

- Übernachtung (inkl. Halbpension)
  2 x 80,00 EUR (Erwachsene)
  1 x 60,00 EUR (Kind)

**220,00 EUR
(Pro Nacht)**

Camping

- Camper pro Tag:
  80,00 EUR

- Übernachtung
  60,00 EUR (2 x Erwachsene)
  5,00 EUR (Kind)
  inkl. Stellplatz

- Strom pro Tag
  2,00 EUR

- Frühstück: (für 3 Personen)
  15,00 EUR

- Abendessen (für 3 Personen)
  25,00 EUR

**192,00 EUR
(Pro Nacht)**

Camping oder Glamping?

Die Betrachtung der Kosten zeigt: Camping ist eine Reisephilosophie und keine Frage des Budgets. Wie bei jeder anderen Reiseform kannst du auch mit dem Camper preiswerte Touren unternehmen, während nach oben – wie immer – keine Grenzen gesetzt sind.

Das Stichwort ⏵ Glamping kommt nicht von ungefähr: Luxus-Campingplätze mit Beauty- und Wellnessbereichen sind keine Seltenheit mehr. Es gibt Anbieter, bei denen du für deinen Aufenthalt dein eigenes Badezimmer mieten kannst, teilweise sogar direkt am Stellplatz fest verbaut – gerade beim Wintercamping ein echter Mehrwert. Du siehst, vom Camping am See mit Lagerfeuer bis hin zur Luxusparzelle mit eigenem Whirlpool ist alles drin.

Am Ende macht es keinen Unterschied, wie du auf Campingtour gehst und welches Budget du dafür bereithalten möchtest. Denn in Zahlen wirst du Camping nur schwer kalkulieren können. Unterwegs auf dem perfekten Roadtrip wird immer das Erlebnis überwiegen.

BIST DU EIN CAMPER?

Camping ist keine Reiseform – Camping ist eine Philosophie. Eigentlich gibt es dazu nur zwei Meinungen: Die einen lieben es, die anderen können es sich im Traum nicht vorstellen. Da du dieses Buch in Händen hältst, gehe ich davon aus, dass ich dich nicht lange fürs Camping an sich begeistern muss. Um ganz sicherzugehen, kannst du schnell diese Checkliste durchgehen.

Vergib als Antwort jeweils 1 bis 5 Punkte. (1 = trifft nicht zu; 2 = trifft weniger zu; 3 = trifft teilweise zu; 4 = trifft zu; 5 = trifft voll zu)

**1 = trifft nicht zu; 2 = trifft weniger zu; 3 = trifft teilweise zu;
4 = trifft zu; 5 = trifft voll zu**

Du hast mindestens einmal im Zelt übernachtet.	
Du liebst das »Trucker-Feeling«.	
Du bist abenteuerlustig.	
Wenn nötig, kannst du improvisieren.	
Basteln liegt dir.	
Du tauschst dich gern mit anderen Menschen aus.	
Im Regen eine stinkende Toilette ausleeren ist kein Problem.	
Du bist spontan.	
Du verbringst gerne Zeit in der Natur.	
Kuschelige Enge bereitet dir Freude und Wohlbefinden.	
Punkte gesamt	

Addierst du die Punkte und kommst auf nicht über zehn hinaus, kannst du das Buch jetzt zur Seite legen und dir ein anderes Hobby suchen – offenbar ist Camping überhaupt nicht deine Welt. Dennoch hat sich dieses Buch für dich gelohnt: Je früher dir die Erkenntnis kommt, dass du dich in Hotels oder Ferienwohnungen wohler fühlst als in einem fahrenden Domizil, umso besser und umso billiger für dich.

Beträgt deine Punktzahl mehr als elf, solltest du dir zumindest für einen kurzen Trip ein Wohnmobil ausleihen, um der Sache eine Chance zu geben. Vielleicht hast du dich ja unterschätzt? Kommst du über 30, schlummert in dir richtig viel Potenzial!

Bei mehr als 45 Punkten kannst du dir unter diesem Link ein »ICH BIN EIN CAMPER«-Zertifikat herunterladen.

**www.how-to-womo.de/
ich-bin-ein-camper**

Du liest weiter, das ist ein gutes Zeichen. Deine Camping-Gene sind vorhanden. Nachdem das geklärt ist, bleibt die Frage: Passt ein Wohnmobil zu dir? Du sollst dich nicht nur darin wohlfühlen. Der Camper soll zu deinem Lebensstil passen, egal ob schick und elegant, wild und sportlich oder alles auf einmal.

(Um das beste Wohnmobil für deine Ansprüche geht es in Kapitel 2 – »Welches WoMo passt zu mir?«, *ab Seite 41*).

CAMPING IST NICHT GLEICH CAMPING

Es ist so facettenreich wie Schuhe in einem Schuhladen, Biersorten im Getränkemarkt, Bäume im Wald oder Farben in einem Malkasten – wahrscheinlich gibt es fast ebenso viele Campingformen wie Campingfans. Und gerade deshalb hilft es dir, wenn du zu Beginn deiner WoMo-Karriere viel testest, bevor du dir ein eigenes Fahrzeug anschaffst.

Als Erstes überlege dir, welche Art von Reisen dir gefallen, damit du anschließend zielgerichtet ans Werk gehen kannst.

Wohnmobil oder Wohnwagen?

Was sind die Unterschiede zwischen einem Wohnmobil und einem Wohnwagen (auch »Caravan« genannt)? Das eine fährt und das andere wird gezogen – so weit korrekt. Doch die Frage ist damit noch nicht beantwortet.

Schon auf dem Weg zum Ziel sind ganz verschiedene Eigenschaften zu beobachten. Das Wohnmobil lässt sich nicht nur einfacher manövrieren, es fährt auch deutlich schneller als ein PKW mit angekuppeltem Wohnwagen. Dafür punktet das Gespann beim Fahrkomfort gegenüber dem im WoMo, zum einen wegen der besseren Fahrwerksfederung, zum anderen wegen des deutlich niedrigeren Lärmpegels. Im Wohnmobil kann die Geräuschkulisse nämlich schnell die Nerven strapazieren, wenn das Equipment klappert oder der Wind um die ▶ Hekis pfeift.

Am Zielort angekommen, spielen die beiden Kontrahenten ebenfalls verschiedene Qualitäten aus. Die größte Stärke des Wohnwagens ist definitiv die Mobilität vor Ort. Denn während der Wohnmobilist noch die Töpfe verstaut und die Markise einrollt, sitzt die Caravancamperin bereits am Steuer ihres Fahrzeugs und rollt fröhlich in die Stadt.

Auf der anderen Seite ist der WoMo-Fahrer auf so viel Mobilität gar nicht immer angewiesen, weil er direkt dort übernachten kann, wo er sein möchte. Insgesamt hat er viel mehr Übernachtungsmöglichkeiten, erstens auf Stellplätzen, die meist für Wohnwagen verboten sind, zweitens auf

Campingplätzen und als dritte Option das Freistehen. Mehr dazu ab Seite 33.

Damit sind schon die wichtigsten Gesichtspunkte genannt. Also: Stehst du lange an einem Zielort? Die Mobilität vor Ort ist dir trotzdem extrem wichtig? Dann wird der Wohnwagen deine Wahl. Ist hingegen der Weg dein Ziel und Bergpässe deine große Leidenschaft? Bist du vielleicht auf eine freie Anhängerkupplung angewiesen, weil du noch Motorräder, ein Boot oder etwas anderes ziehen möchtest? Dann ist das WoMo genau dein Ding.

Wohnwagen vs. Wohnmobil

	Wohnwagen	Wohnmobil
Fahrverhalten	🙁	🙂
Fahrkomfort	🙂	😐
Geschwindigkeit	🙁	🙂
Wartungsaufwand	🙂	🙁
Kosten	🙂	😐
Mobilität vor Ort	🙂	🙁
Aufenthalt im Wohnraum während der Fahrt	🙁	🙂
Benutzung Stellplätze	😐	🙂
Benutzung Freistehen	🙁	🙂
Autarkie	😐	🙂
Geländetauglichkeit	🙁	😐

Reiseformen

Bevor du dich auf einen Fahrzeugtyp festlegst, mache dir unbedingt sehr gründlich Gedanken darüber, was für Reisen du damit unternehmen möchtest. Je genauer du dir über deine Reiseformen klar wirst, umso geringer die Gefahr, dass du am Ende ein Mobil mietest oder gar kaufst, das nicht optimal zu deinem Einsatzzweck passt.

Wie sehen zum Beispiel deine geplanten Urlaube aus? Wird dein Wohnmobil vorwiegend auf Campingplätzen und Stellplätzen stehen? Dann spielt ◗ Autarkie für dich keine große Rolle, denn dort ist die Infrastruktur für Camper logischerweise vorhanden. Hast du jedoch vor, längere Zeit autark an abgelegenen Orten frei zu stehen, bist du vor allem auf folgende zwei Faktoren angewiesen:

1. Ohne fließendes Wasser wird Camping nach wenigen Tagen zur Tortur. Du brauchst es zum Kochen und Zähne putzen. Die Toilettenspülung mag es, wenn sie auf Wasser zurückgreifen kann, und auch duschen soll ja hin und wieder nicht schaden. Übrigens ist hier nicht nur auf das Frischwasser zu achten, sondern auch auf einen ausreichenden Abwassertank.

2. Licht, Heizung und auch fließendes Wasser in deinem Camper benötigen Strom – nicht zu vergessen deine Gadgets wie Mobiltelefone oder Kamera. Um dein WoMo effizient betreiben zu können, wirst du immer wieder auf Stromquellen zurückgreifen müssen. Mehr zum Thema ab Seite 82.

Wintertauglich vs. winterfest

In den DIN Normen EN 1645-1 für Caravans bzw. EN 1646-1 für Reisemobile werden die Prüfverfahren beschrieben, die erfüllt werden müssen, um die Begriffe »wintertauglich« oder »winterfest« vergeben zu können.

Wintertauglich (Stufe II)	Winterfest (Stufe III)

Phase 1 - Abkühlzeit:

Das Wohnmobil wird über mindestens zehn Stunden auf die Starttemperatur heruntergekühlt. Dazu werden Türen und Fenster geöffnet, um das Fahrzeug komplett auszukühlen.

Starttemperatur: 0°C	Starttemperatur: -15°C

Phase 2 - Heizungsstart:

Der Innenraum muß in maximalem Tempo auf +20°C aufgeheizt werden. Gemessen wird an einem zentralen Messpunkt in der Mitte des Wohnbereiches. Der Messpunkt muss sich ein Meter über dem Boden befinden. Die Aufwärmphase darf max. 2 Stunden betragen, dabei dürfen 5 weitere Messpunkte im Reisemobil keine größere Differenz als 7°C aufzeigen.

Wenn das Reisemobil die Stufe 2 des Prüfverfahrens erfolgreich bestanden hat, darf der Hersteller das Fahrzeug als »wintertauglich« deklarieren.

Phase 3 – Zeit der Stabilisierung:

Nach einer Stabilisierungszeit von einer Stunde werden die Wassertanks gefüllt. Während der Stabilisierungszeit muss die Heizung die Innentemperatur stabil auf 20°C halten.

Phase 4 – Test der Wasseranlage:

Nach einer weiteren Stunde werden alle Leitungssysteme und Wasserhähne geprüft. Diese müssen funktionsfähig sein und das Wasser darf nicht gefrieren.

Wenn das Reisemobil die Stufe 3 des Prüfverfahrens erfolgreich bestanden hat, darf der Hersteller das Fahrzeug als »winterfest« deklarieren.

Eine weitere Überlegung ist, zu welchen Jahreszeiten du reisen möchtest. Bei niedrigen Temperaturen spielt die Art der Heizung eine wichtige Rolle, so kann eine Fußbodenheizung attraktiv sein, falls du ungern kalte Füße bekommst. Du planst sogar Trips bei Minusgraden? Dafür muss dein Fahrzeug unbedingt wintertauglich sein – denn einen eingefrorenen Abwassertank wirst du unterwegs überhaupt nicht gebrauchen können.

Die Größe deines Fahrzeugs entspricht im Idealfall der Reiseform. Spielen sich viele deiner Urlaube draußen ab, kommst du mit einem kleineren Fahrzeug aus. Zieht es dich dagegen in kältere, regenreichere Regionen, wirst du dich häufiger im Auto aufhalten und brauchst darin mehr Platz.

Auch der Weg zu deinem Ziel ist ein bedenkenswerter Aspekt. Wo verbringst du den Großteil der Zeit – unterwegs auf der Straße oder an einem festen Ort? Fährst du überwiegend auf Autobahnen oder über Stock und Stein? Brauchst du eher ein Langstreckenmobil, oder bist du auf ein Allradfahrzeug angewiesen, um über Schlammpisten zu fahren, verschneite Bergpässe zu meistern oder dich durch Dünen zu kämpfen? Unterm Strich stellt sich also die Frage, ob es in deinem WoMo mehr um das Reisen und Fahren geht – oder um das Wohnen und Schlafen.

Entdecke die Möglichkeiten!

Ein großer Ferienurlaub mit der ganzen Familie ist der perfekte Anlass, um die vielen Vorteile eines Wohnmobils zu genießen. Alle kommen dabei auf ihre Kosten. Selbst wenn an einem Ort nicht sämtliche Interessen deiner Familienmitglieder bedient werden können, sollte auf der gesamten Tour doch für jeden ein entsprechendes Etappenziel eingeplant werden. Die Möglichkeiten sind mit einem zweiwöchigen Familien-Roadtrip noch lange nicht ausgereizt.

Was gibt es Schöneres, als eine nahe gelegene Stadt unabhängig mit dem Wohnmobil zu besuchen? Den Tag mit Kultur und Shopping zu verbringen und den Abend bei einem tollen Essen ausklingen zu lassen? Früher hieß es häufig zu später Stunde: Wer fährt? Diese Diskussion ist Geschichte – das eigene Schlafzimmer wartet schon ganz in der Nähe.

Am nächsten Tag zieht es dich raus aus der Stadt, raus in die Natur, um dort zur Ruhe zu kommen, zu wandern oder dich beim Sport auszupowern. Was immer du vorhast: Dein Wohnmobil bietet dir genügend Raum, um dein Equipment zu transportieren – die Surfbretter kannst du aufs Dach spannen, die Fahrräder am Heck anbringen und die Gleitschirme in der trockenen ▶ Garage verstauen.

Aus Markus' Erfahrung

Meinen Camper verwende ich in erster Linie fürs Business-camping – er dient mir also auf meinen Geschäftsreisen zugleich als Firmenwagen, Hotel und Büro. Letzteres funktioniert für mich nur mit einer ordentlichen Internetverbindung, da ich gern in meinem Kastenwagen vor dem Laptop sitze und E-Mails oder dieses Buch schreibe. Eine ordentliche Internetverbindung und eine ausreichende Stromversorgung sind also entscheidend. Beide Anforderungen sollten in den meisten Campern zu erfüllen sein. Mehr dazu ab *Seite 81*.

Was ich beim Arbeiten überhaupt nicht mag, sind kalte Füße. Da in meinem mobilen Büro zu jeder Jahreszeit gearbeitet wird, schwöre ich auf meine Fußbodenheizung.

Du siehst: Camping ist nicht gleich Camping. Das wirklich Geniale ist, wenn du es schaffst, so viele Arten wie möglich zu kombinieren. Dann wirst du dein WoMo optimal auskosten – und dich am Ende vielleicht sogar noch in einen Vanlifer verwandeln.

CAMPINGPLATZ, STELLPLATZ, FREISTEHEN – WAS DARF ES SEIN?

Die im Abschnitt »Pro WoMo« angesprochenen Vorteile liegen auf der Hand. Mit einem Wohnmobil bist du unabhängig und flexibel. Wenn es losgeht, geht es los.

Auf der Suche nach dem perfekten Nachtlager kannst du zwischen vier grundlegenden Stehplatzarten auswählen. Eines ist gewiss: Egal wie du dich im Einzelfall entscheidest, je nach Tour, Reiseziel und Mitreisenden wird sich immer wieder eine Kombination aus diesen Alternativen ergeben.

Der Campingplatz

Mit einem Campingplatz hast du in der Regel alles zur Verfügung, was du als WoMo-Camper an Infrastruktur brauchst – und noch viel mehr.

Zu Beginn meldest du dich an der Rezeption an. Das Wohnmobil vor der Schranke geparkt, startet der Besuch auf einem Campingplatz mit Formalitäten, ähnlich wie beim Hotelaufenthalt. Da die Camping-Fangemeinde täglich wächst, empfehle ich eine Vorabreservierung. Gerade zur Hauptsaison buchen die Platzhirsche ihre Lieblingsparzelle schon viele Monate im Voraus. Das kann dazu führen, dass deine spontane Suche nach einem Campingplatz als Nachtquartier doch komplizierter verläuft als gedacht.

Tipp

Bevor du einen Stellplatz auf einem Campingplatz zugewiesen bekommst, empfehle ich dir einen Rundgang, bei dem du dir deinen möglichen Platz aussuchst. So vermeidest du spätere Diskussionen und unnötige Auf- und Abbauprozeduren.

Sobald der Platz bezogen ist, stehen dir alle Einrichtungen für die Grundbedürfnisse deines Wohnmobils zur Verfügung. Stromanschlüsse, Sanitärgebäude sowie ▶ Ver- und Entsorgungsstellen gehören zur üblichen Infrastruktur eines Campingplatzes.

Alle weiteren Angebote und Services sind stark vom jeweiligen Platzkonzept abhängig. Kleinere Plätze bieten meist ein überschaubares Angebot, dafür bestechen sie mit ihrem familiären Charme. Auf großen Plätzen hingegen fühlt man sich teilweise wie in einem Freizeitpark. Total anders dagegen die Naturcampingplätze: Hier liegen Campingkomfort und Naturerlebnis ganz dicht beieinander – und da wir gerade bei dem Punkt sind: Auch FKK-Fans finden vereinzelt noch Plätze, die ihr bevorzugtes »Naturerlebnis« ermöglichen.

Die Spanne reicht nicht nur von klein bis groß, sondern auch von einfach bis luxuriös. Fünf-Sterne-Campingplätze erfreuen sich immer größerer Beliebtheit. Dementsprechend unterscheiden sich auch Angebot und Klientel. Beim kleinen, idyllisch gelegenen Platz freust du dich über frische Aufbackbrötchen vom Kiosk (oder Semmeln, wie man in

Bayern sagt), auf dem anderen hast du die Wahl zwischen mehreren Restaurants und Supermärkten.

In den Waschhäusern befinden sich neben Toiletten sowie Dusch- und Waschkabinen auch Gelegenheiten zum Geschirrspülen, darüber hinaus Waschmaschinen und Trockner.

Je nachdem mit welchem Mobil du unterwegs bist, könntest du auch Gefallen an einem Gas-Service finden, den viele Plätze anbieten. So sparst du dir den mühseligen Weg zum nächsten Baumarkt oder zur Tankstelle, wenn die Flasche leer ist.

Gerade Familien steuern Campingplätze gerne an. Neben ausgebauten Spielplätzen zählen hier oft auch Kinderbetreuung und Animation zum Programm. Selbst dort, wo solche Angebote fehlen, entwickelt sich ein Campingplatz schnell zum Paradies für die kleinen Reisenden. Kaum angekommen, kicken sie schon mit anderen Kindern Fußball, fahren mit ihren Rollern durch die Gegend oder spielen Verstecken.

Tipp

Falls du ohne Reservierung dein Glück bei einem Campingplatz versuchst, ist die beste Zeit dafür zwischen 10 und 12 Uhr. Die abreisenden Camper haben ihre Plätze frei gemacht, und die große Anreisewelle rollt in der Regel nachmittags an. Beachte nur unbedingt die Öffnungszeiten: Während der Mittagspause musst du mit einer geschlossenen Rezeption rechnen.

Der Stellplatz

Während du auf dem Campingplatz Tage und Wochen bleiben kannst, wirst du auf einem Stellplatz niemals einen ganzen Urlaub verbringen, sondern in der Regel nur übernachten. Stellplätze sind für kurze Zeiträume gedacht. Diesen Grund geben die Betreiber oft dafür an, dass ihr Platz nicht für Wohnwagen oder Zelte geöffnet ist – für diese wäre es allerdings auch weniger gemütlich.

Ein weiterer Unterschied ist die Anmeldung. Während am Campingplatz das Persönliche im Vordergrund steht, übernehmen am Stellplatz oft Automaten die Abrechnung. Hier liegt zugleich einer der größten Vorteile: Einen Stellplatz kannst du zu jeder Tages- und Nachtzeit anfahren (Ausnahmen bestätigen natürlich die Regel). Gerade auf langen Reisen erweist sich das immer wieder als Vorteil, weil Staus oder andere Zwischenfälle die geplante Tour schnell durcheinanderbringen. Und wie zuvor festgestellt ist genau diese Flexibilität das Schöne am Reisen mit dem WoMo.

Immer mehr Anbieter stellen die Auslastung ihrer Stellplätze live ins Internet. So kannst du abschätzen, ob sich die Anfahrt lohnt. Zudem sind Buchungsportale im Kommen, wo du sogar einen Platz reservieren kannst. Das hat einerseits den Vorzug, dass du dir unnötige Wege sparst. Andererseits geht ein Stück WoMo-Charme, das berühmte »Einfach-treiben-lassen«, verloren, wenn dir dein Platz von anderen Interessierten (die noch 300 km entfernt sind) schon unterm Hintern weggebucht wurde.

Anders als bei Campingplätzen beschränkt sich die Infrastruktur auf Stellplätzen eher auf das Nötigste. Oft ähneln sie einem überdimensionierten Parkplatz und weniger einer schönen Anlage. Dafür sind sie praktisch für eine kurze Verweildauer und oft zentral in Stadtnähe oder nicht weit von anderen spannenden Hotspots gelegen.

Die Kosten belaufen sich von null bis ca. 30 Euro pro Nacht, je nach Lage und Ausstattung. Ver- und Entsorgungsstellen sowie Stromanschlüsse entwickeln sich zum Standard. Einige Stellplatzbetreiber in diesem Segment werden immer mehr zum Serviceanbieter. Neben Brötchenservice ist zum Beispiel auch oft der Tausch von Gasflaschen möglich.

Tipp

Durch manche WoMo-Foren geistert die Geschichte, Viechtach im Bayerischen Wald sei die erste Gemeinde gewesen, die offiziell Parkplätze teilweise für Wohnmobilübernachtungen freigegeben habe (seit 1983 laut Wikipedia, Stichwort Reisemobil-Stellplatz).

Freistehen

Viele haken das WoMo-Campen in Deutschland, Österreich oder in der Schweiz schnell ab. Die Begründung klingt logisch: Man möchte stehen, wo es gefällt, und das ist im deutschsprachigen Raum eh verboten. Man darf ja nur auf Campingplätzen schlafen.

Ist damit dein Traum vom Roadtrip und den tollen Locations, die man auf Instagram sieht, gestorben? Musst du dafür extra in die skandinavischen Länder fahren, wo das noch eher möglich scheint?

Nein. Generell musst du wissen, dass ein Wohnmobil überall geparkt werden darf, wo das nicht ausdrücklich verboten ist oder Gewichtsgrenzen dir einen Strich durch die Rechnung machen. Einen Haken hat die Sache: Nur weil das Parken erlaubt ist, darfst du das nicht ausnutzen, um tagelang im WoMo zu schlafen!

Offiziell wird das Parken »zur Wiederherstellung der Fahrtüchtigkeit« gestattet. Deine rhetorischen Fähigkeiten können noch so gut sein: Wenn du der Polizei erklären möchtest, dass du zwei Nächte gebraucht hast, um deine Fahrtüchtigkeit wiederherzustellen, wirst du sensationelle Argumente brauchen. Zudem sind zur Wiederherstellung der Fahrtüchtigkeit definitiv keine Campingstühle oder ausgefahrene Markisen notwendig. Das wäre Camping – und das ist eben verboten.

Kurzum: Für eine Nacht ist das Parken möglich, sofern es dir der Platz erlaubt. Wanderparkplätze sind dafür ein gutes Beispiel. Diese sind in der Nacht wenig besucht, und dort sollte sich niemand gestört fühlen. Generell sollte dir klar sein, dass du im Zweifelsfall gute Gründe für deine Pause brauchst – die schöne Gegend reicht hierfür nicht aus.

Hier möchte ich einen Punkt betonen, der mir ganz besonders am Herzen liegt: Wer mit seinem Wohnmobil die Möglichkeit des Freistehens nutzt, verpflichtet sich zu rücksichtsvollem und vorbildlichem Verhalten. Leider werden auf immer mehr Flächen, die für Übernachtungen im Wohnmobil geeignet wären, Verbotsschilder aufgestellt.

Das hat nachvollziehbare Gründe: Einige schwarze Schafe drehen ihre Musik bis zum Anschlag auf, lassen ihren Müll zurück oder kippen ihre Chemietoilette am nächsten Baum aus. Unter dem Verhalten dieser wenigen Kollegen müssen wir alle leiden.

Mein Appell

Bitte lasse Campingmöbel und Markise beim Freistehen im Fahrzeug. Gehe respektvoll mit deiner Umwelt um und hinterlasse jeden Platz so, wie du ihn gerne vorfinden würdest. Danke, du bist ein Top-Camper!

In den deutschsprachigen Alpenländern verhält es sich mit dem Freistehen sehr unterschiedlich. In der Schweiz ist es leider fast unmöglich: Hier bestehen regionale Verbote, so scheidet es beispielsweise in Graubünden oder im Tessin als Option aus. Zudem ist es in Naturschutzgebieten, Wäldern oder an Seeufern generell untersagt.

Für Freisteher in Österreich lautet die Empfehlung, sich unbedingt zuvor beim örtlichen Tourismusverband oder einem Campingclub zu informieren – dort bestehen regional sehr große Unterschiede.

Übernachten auf privaten Plätzen

In den letzten Jahren hat sich diese beeindruckende, neue Variante etabliert: Es entsteht eine Onlineplattform nach der anderen, über die du dich bei privaten Anbietern »einbuchen« kannst. Diese Plattformen werden immer beliebter und bieten eine tolle Alternative zu Stellplätzen und Co.

Vor allem Bauernhöfe entdecken diese Tourismusnische für sich. Das scheint plausibel: An Platz mangelt es nicht, und die Umgebung ist meist sehr schön, zumindest auf dem Land. Beim Browsen durch die üppige Auswahl kann man sich wunderbar die Nächte im Camper um die Ohren schlagen.

Je nach Portal gibt es unterschiedliche Übernachtungs- und Buchungsoptionen. Bei dem Portal Landvergnügen kannst du beispielsweise für eine Nacht kostenlos bei unterschiedlichsten Landwirten oder Lebensmittelerzeugern Station machen. Dafür ist eine Jahresmitgliedschaft notwendig, des Weiteren muss eine Voranmeldung beim Gastgeber erfolgen. So kannst du fernab von vollen Campingplätzen die Ruhe auf einem schönen Weinberg genießen oder dem Treiben auf den Weiden zusehen.

Das Airbnb für Wohnmobilisten ist die Plattform Hinterland.camp. Dort kannst du dich kostenpflichtig bei Gastgebern auf deren privaten Flächen einbuchen.

Camper-Überraschung

Augen auf bei der Platzwahl. Sei nicht allzu erstaunt, wenn du eine gute Möglichkeit findest, dich für die Nacht zu platzieren – nur um bei Licht festzustellen, dass es vielleicht doch nicht die beste Möglichkeit war. Während dir auf einem Camping- oder Stellplatz oft die Parzelle suggeriert, wo Nase und Heck hingehören, kannst du beim Freistehen schon die ein oder andere Überraschung erleben.

Behalte jederzeit die Wettervorhersage im Blick. Wird es sehr windig? Dann klappe gegebenenfalls dein Aufstelldach herunter. Ist starker Regen angesagt? Dann stelle sicher, dass dein schweres Fahrzeug nicht einsinken kann, sonst musst du länger bleiben als geplant.

Weitere Tipps zum richtigen Platzieren im Abschnitt »Knigge für Camper« auf Seite 189.

Aus Markus' Erfahrung

Wenn ein genialer Platz zum Übernachten einlädt und du absolut alleine bist – überlege ob das wirklich passt. Vor einigen Jahren habe ich in der Dunkelheit einen wunderschönen Platz angefahren und meinen Kastenwagen an einer kleinen Wiese geparkt. Meine Stellplatz-App sah diese Wiese als Wanderparkplatz an. Bei einem kühlen Bier genoss ich den Blick ins Tal und bestaunte die kleinen Lichtlein.

Am nächsten Morgen stellte ich fest, dass ich hier nicht das einzige Rindvieh war: Um mich rum hatte der Bauer seine Weide abgesteckt und die Kühe herausgelassen. Beim kurzen Plausch erzählte er mir, dass der Wanderparkplatz seit einem Jahr auf der anderen Seite des Feldes lag und in der App wohl veraltete Daten angezeigt wurden. Ich entschuldigte mich wortreich und wollte mich schon demütig vom Acker machen – da lud mich der freundliche Tierbesitzer auf einen Kaffee ein. Seitdem darf ich immer, wenn ich in der Gegend bin, auf seinem Hof übernachten. Wäre es nicht schön, wenn alle Geschichten so gut ausgehen würden?

Das Wichtigste nochmal zusammengefasst:

- Erstmal entscheiden: Ist Wohnmobil oder Wohnwagen die bessere Lösung für dein Reiseverhalten?
- Überlege vor Miete oder Kauf, welche Reisen du unternehmen wirst.
- Vor dem Kauf eines Wohnmobils immer gründlich testen!
- Camping, Stellplatz oder Freistehen – die Kombination macht's!
- Du darfst dein WoMo parken, wo es nicht ausdrücklich verboten ist.
- Darin schlafen darfst du in Deutschland jedoch nur »zur Wiederherstellung der Fahrtüchtigkeit« (Ausnahme: Stell- und Campingplätze).

Life Hack

Um die perfekte Übernachtungslocation zu erleben, kannst du an der gegebenen Stelle einfach den Grundbesitzer fragen, ob du dort eine Nacht stehen darfst. Bei Bauernhöfen oder mit Hilfe von Spaziergängern gelangst du schnell an die notwendigen Informationen. Mit etwas Charme und einem kleinen Mitbringsel aus deiner Heimat für den Gastgeber ist dir der Traumspot sicher. Wichtig: Diese Plätze bleiben dein Geheimnis!

Firmware-Update

 Die Welt dreht sich. Aktuelle Gesetzesänderungen und neue Links aus diesem Kapitel findest du unter:
www.how-to-womo.de / kapitel-1

2

WELCHES WOHN-MOBIL PASST ZU MIR?

Wie sieht er aus, dein Traum von der perfekten Wohnmobiltour? Lass mich raten: Ein wunderschöner Blick ins Tal. Die Wiesen saftig grün, die Bergspitzen leicht angezuckert. Sonnenstrahlen glitzern im klaren See, du sitzt vor deinem Camper und genießt ein kühles Bier. Herrlich!

Aber stopp: Träumst du nicht insgeheim auch oft von deinem Camper selbst? Und wie sieht der eigentlich aus?

Diese banale Frage hat es in sich. Das wird schnell deutlich, wenn man eine der großen Camping- und Caravanmessen besucht. Denn die Vielfalt an Wohnmobilmodellen und Basisfahrzeugen ist schier überwältigend. Zur groben Orientierung gebe ich dir auf den folgenden Seiten einen Überblick über die verschiedenen Typen und deren Vor- und Nachteile.

Bevor ich die einzelnen Fahrzeuge und Aufbauten skizziere, ist mir eines noch ungeheuer wichtig: Es gibt vermutlich nicht den einen Camper für das ganze Leben. Camping ist eine Phase. Sie ergibt sich aus ganz verschiedenen Fragestellungen:

- Für welche Reisen möchtest du das Mobil nutzen, wo sollen diese Reisen hingehen und wie lange sollen sie dauern?
- Wie viele Personen fahren mit?
- Interessierst du dich für ein gebrauchtes Wohnmobil? Soll es ein Neufahrzeug sein? Oder willst du erstmal eins mieten?
- Mit welchem Führerschein möchtest du den neuen Traum verwirklichen?

Bereits diese kurze Auswahl an Fragen lässt erahnen, wie unterschiedlich die Fahrzeuge sind – nicht nur im Aussehen, sondern auch in puncto Platzangebot, Funktion und Anforderungen.

Tipp

Camping ist Emotion – aber nicht nur! Mit folgender Herangehensweise kannst du deine Fahrzeugwahl analytisch untermauern und dich schrittweise an das richtige Mobil herantesten. Beantworte die oben stehenden Fragen mit Blick auf die nächsten fünf Jahre. Notiere zudem hinter jeder Antwort deine persönliche Priorität (1–3 bzw. in Prozent).

Aus Markus' Erfahrung

Gefühlt suchte ich nach einem Fahrzeug für die gesamte Familie. Zudem sollte es Allradantrieb haben, weil ich gerne Sport in den Bergen mache. Anhand der Liste konnte ich aber schnell feststellen, dass ich meinen Camper zu siebzig Prozent für berufliche Übernachtungen nutzen werde – und das nicht nur im Sommer, sondern zu jeder Jahreszeit. Somit war klar: Ich darf die Wintertauglichkeit nicht ignorieren. Allrad ist dagegen nicht so wichtig, weil ich die meiste Zeit auf der Autobahn verbringe. Bezüglich der Größe wurde mir außerdem bewusst, dass ich das WoMo hauptsächlich alleine nutzen werde. Wenn ich mit Familie unterwegs bin, wird das Mobil überwiegend zum Schlafen genutzt, denn der Rest findet draußen statt.

Ergebnis: Das richtige Fahrzeug für mich ist aktuell ein Kastenwagen – ohne meine Liste hätte ich dagegen zum Teilintegrierten tendiert.

Mieten oder kaufen?

Was ist besser: Wohnmobil mieten oder kaufen? Eine schwierige Frage, und doch – oder gerade deshalb – stellt sie sich am Ende gar nicht. Ob du ein Wohnmobil mietest oder kaufst, ist eine emotionale Entscheidung, vom finanziellen Aspekt einmal ganz abgesehen.

Kaufst du ein Wohnmobil, bietet es dir viel mehr Freiheit und die Möglichkeit, auch oft spontan unterwegs zu sein. Mit deinem eigenen Wohnmobil wirst du definitiv mehr Touren fahren als mit dem gemieteten – schon aus diesem Grund sind Kaufen und Mieten finanziell nicht wirklich vergleichbar.

Neben einer reinen Kostenrechnung und den Preisvergleichen sind bei beiden Varianten viele weitere Dinge zu bedenken:

- Wo würde dein eigenes WoMo stehen, wenn du nicht auf Reisen bist? Gibt es eine schützende Überdachung?
- Wie schnell erreichst du es von deinem Zuhause – ist es also praktikabel?
- Wie wird es versichert?
- Willst du es mit anderen Fahrern teilen?

Miete vs. Kauf

	Miete	Kauf
Anschaffungskosten	😊	😞
geringes Risiko, wenn du das falsche Fahrzeug wählst	😊	😞
Individuelle Ausstattung	😞	😊
Zu jeder Zeit verfügbar	😞	😊
Roadtrip in Übersee	😊	😞
Wartung, Service und Pflege	😊	😞
Fahrzeug ist vertraut (Fahrverhalten/ Abmessungen/Geborgenheit)	😞	😊
Aktuelles Mobil und angepasst an geplante Tour	😊	😞
WoMo-Unterbringung	😊	😞

Vor- und Nachteile sind das eine – das andere die Gewichtung der jeweiligen Punkte. Entscheide selbst!

Bei einem Mietmobil fallen die meisten dieser Punkte in der Regel weg – es ist in der Hinsicht eher die Rundum-sorg-los-Variante. Du hast keine laufenden Kosten zu schultern, du musst dir nicht den Kopf über den passenden Parkplatz zerbrechen und hast natürlich insgesamt viel weniger Arbeit damit als mit dem eigenen Camper.

Trotzdem ist auch beim Mietmobil allerhand einzukalkulieren. Zum Beispiel:

- Wann sind die Hauptreisezeiten, wann beginnen die Buchungsvorläufe?
- Brauchst du eventuell Mietmöbel für die geplante Reise?
- Möchtest du Fahrräder mitnehmen, und ist ein entsprechender Träger buchbar, der die Anzahl und das Gewicht der Räder schafft?
- Bevor du ein Wohnmobil kaufst, solltest du unbedingt zuerst Wohnmobile mieten. So erlernst du den Umgang mit dem potenziellen neuen Familienmitglied. Du kannst Grundrisse wirklich erleben, bevor du dich über den Kauf ärgerst – und du entdeckst auch die kleinen »Raffinessen«, die in den Hochglanzkatalogen meistens nicht bebildert sind.
- Sieh dir Testberichte an. In Zeitschriften, Zeitungen und in den sozialen Medien (wie zum Beispiel auf YouTube) erhältst du bestimmt Einblicke in Dinge, die du zuvor nicht bedacht hast.

DIE REISEMOBILTYPEN

Ein WoMo muss sich nicht nur für die Reisen eignen, die du dir vornimmst. Es muss vor allem zu dir, zur mitreisenden Crew und zu deiner Lebensphase passen.

Frisch verliebt mit deinem ersten Partner ist eine schmale Matratze kein Problem, im Gegenteil. Wenn die gebückte Haltung im Bulli mit der Zeit ins Kreuz geht und der Nachwuchs mitreisen möchte, fühlst du dich möglicherweise in einem größeren Wohnmobil mit permanenter Stehhöhe wohler. Auf langen Touren durch die Wüste werden Allrad und Autarkie eine deutlich größere Rolle spielen, und irgendwann ist es vielleicht der luxuriöse Wohnzimmerkomfort, den du dir unterwegs wünschst. WoMo-Camping ist wunderbar bunt – jetzt liegt es an dir, deine Lieblingsfarbe zu wählen.

Campingbus – die Einstiegsdroge

Der Campingbus fährt sich wie ein PKW. Mit ihm kommst du beinahe in alle Parkhäuser oder Tiefgaragen, da die Höhe des Fahrzeugs meistens knapp unter 2 Metern liegt. In Städten lässt sich ein Campingbus mühelos parken und auf engen Bergpässen problemlos manövrieren. Oft verfügen die Busse dieser Klasse über ein Aufstelldach. Klappt man es nach oben, können bis zu vier Personen im Bus übernachten, darüber hinaus entsteht ein kleiner Bereich mit Stehhöhe. Für angenehme Temperaturen im Wohnbereich sorgt eine Dieselheizung.

Noch vor einigen Jahren hätte ich hier von der »Bulli-Klasse« gesprochen, denn der VW Bulli ist das Urgestein der Campingbusse. Auch heute gehört er noch zu den meistverkauften ausgebauten Campingbussen. Aber andere Hersteller wie Mercedes, Ford, Nissan, Renault, Opel oder Toyota ziehen nach! Immer mehr Wohnmobilhersteller und -ausbauer setzen auf diese beliebte Klasse.

Trotz der stetig wachsenden Herstellervielfalt kann man grob zwei verschiedene Ausbauvarianten unterscheiden:

1. Voll ausgebaute Camper verfügen über eine Küchenzeile mit Waschbecken und Gasherd, eine Kühlbox, einen Schrank, ein schmales Bett im unteren Teil und ein breiteres Bett im Aufstelldach.
2. Zum anderen gibt es Wohnbusse, in denen keine festen Küchen oder Schränke verbaut sind. Der Vorteil: Hier bleibt Raum für eine Bank mit bis zu drei Sitzplätzen, die sich zu einem breiten Bett umklappen lässt.

Eines haben beide Varianten gemeinsam: Im Kleinbus musst du mangels Platz meist auf Toilette und Dusche verzichten. Dieses Problem lässt sich mit entsprechendem Zubehör lösen, zum Beispiel mit einem portablen Toilettensystem wie dem »Porta Potti«. Da Campingbusse oft über Wassertanks mit Pumpe verfügen, kannst du dir außerdem mit einer Außendusche behelfen, sofern du nicht unbedingt auf warmes Wasser angewiesen bist, denn dafür sorgt eine Dieselheizung leider nicht.

Im Campingbus bleibst du gefordert: Es wird viel hin und her geräumt und umgebaut – und die gebückte Körperhaltung gehört irgendwie dazu. Genial an diesem Auto ist im Gegenzug, wie konkurrenzlos es den Spagat zwischen Alltagsfahrzeug und Reisemobil bewältigt. Das ist wahrscheinlich genau der Grund, warum der Bus von einer breiten Masse an Freiheitsliebenden gefahren wird: Singles, Paare, Familien, Berufstätige, Sportler, Städtereisende und Vanlifer – alle finden Gefallen an diesem Typ.

Campingbus Vor-/Nachteile

Campingbus	Vor-/Nachteil	Bemerkung
Anfängertauglich	☺	
Wendig und kompakt	☺	Oft sogar tiefgaragentauglich
Alltagstauglichkeit	😐	Einige Busse auch als 5- oder sogar 7-Sitzer
Geländegängig	😐	
Stauraum	☹	
Komfortabler Wohnraum	☹	
Große Küche	☹	
Badezimmer (Dusche und Toilette)	☹	Dusche und Toilette meist nicht vorhanden
Familientauglich (hinsichtlich längerer Campingtouren)	☹	Im Alltag ja, beim Camping eher nein
Kraftstoffverbrauch	😐	
Ausnahmen bestätigen die Regel!		

Kastenwagen– der Star auf der WoMo-Bühne

Der Kastenwagen wird immer populärer und erfreut sich stets wachsender Beliebtheit. Mit einer Breite von 2 Metern und Längen zwischen 5,40 und 6,80 Meter ist er erheblich größer als der Campingbus, den er mit seiner Durchschnittshöhe von 2,70 Meter deutlich überragt. Diese Ausmaße ermöglichen nicht nur die Integration einer sogenannten »Sanitärzelle« mit Waschbecken, Dusche und WC, sondern auch überwiegend eine durchgehende Stehhöhe.

Der Grundriss dieser Campervans variiert kaum: Die beiden vorderen Sitze sind drehbar und bilden zusammen mit einem Tisch und der Rücksitzbank das Esszimmer. Gegenüber, neben der Schiebetür, befindet sich eine kleine Küchenzeile mit Waschbecken und Gasherd sowie einem Kühlschrank. An die Rücksitzbank schließt sich das Badezimmer an. Ein Querbett oder zwei Längsbetten fügen sich im hinteren Bereich ein. Die beiden großen Hecktüren sorgen in Verbindung mit der seitlichen Schiebetür für reichlich Frischluft, aber auch für Wärmebrücken.

Beheizt werden Kastenwagen mit Gas- oder Diesel-, teilweise sogar mit Fußbodenheizung. Solche Qualitäten machen Campervans auch zu wintertauglichen Begleitern. Beliebt ist diese Klasse bei Paaren und kleinen Familien, die sportlich unterwegs sein wollen.

Kastenwagen Vor-/Nachteile

Kastenwagen	Vor-/Nachteil	Bemerkung
Anfängertauglich	😊	
Wendig und kompakt	😊	Gilt vor allem für Modelle mit einer Länge von 5,40 m
Alltagstauglichkeit	😊	
Geländegängig	😊	Modelle mit Allrad meistern die meisten Herausforderungen
Stauraum	😐	
Komfortabler Wohnraum	😐	
Große Küche	😐	
Badezimmer (Dusche und Toilette)	😐	Dusche und Toilette ist vorhanden, meist aber sehr beengt
Familientauglich (hinsichtlich längerer Campingtouren)	😐	
Kraftstoffverbrauch	😊	
Ausnahmen bestätigen die Regel!		

Alkoven – der Familienbär

Würde ein Kind ein Wohnmobil malen, wäre es der Alkoven. Sobald man von einem Wohnmobil spricht, hat man ihn vor Augen, sogar auf Verkehrsschildern ist der Alkoven das Synonym für Wohnmobile. Markant mit der großen Nase nach vorne, macht er vor allem Familien glücklich. Das liegt ganz einfach daran, dass dieser Reisemobiltyp im Innenraum sehr viel Platz bietet. Wegen der Aufbauten ist das sechs bis acht Meter lange Fahrzeug etwas breiter als ein Kastenwagen. Sowohl das Bett über dem Fahrerhaus (Alkoven) als auch die Sitzgruppe mit Tisch stehen immer zur Verfügung, ohne dass man erst umbauen muss. Viele Mobile verfügen über ein Stockbett im Heck, gerade bei Kids extrem beliebt. Darunter befindet sich häufig eine große Garage mit viel Stauraum.

Zum Kochen hast du viel Platz: L-förmige Küchen und sogar Backöfen sind in diesen Modellen keine Seltenheit. Auch das Badezimmer ist ausreichend groß, um sich bei der Morgentoilette nicht ständig zu stoßen. Das alles hat natürlich auch Nachteile: Die Höhe des Fahrzeugs darf nicht unterschätzt werden! Manch Tunnel oder Brücke kann hier unnötigen Ärger bereiten. Zudem liegt die Alkoven-Bauform natürlich nicht geschmeidig im Windkanal und sorgt durchaus für einen höheren Kraftstoffverbrauch. Das Heck kann leicht ausscheren, und so musste ich schon den einen oder anderen Kuss mit Hecken oder Gebäuden mitansehen.

Alkoven Vor-/Nachteile

Alkoven	Vor-/Nachteil	Bemerkung
Anfängertauglich	🙁	Aufgrund der Größe bedarf es einer Gewöhnungsphase
Wendig und kompakt	🙁	
Alltagstauglichkeit	🙁	
Geländegängig	🙁	
Stauraum	🙂	
Komfortabler Wohnraum	🙂	
Große Küche	😐	
Badezimmer (Dusche und Toilette)	😐	
Familientauglich (hinsichtlich längerer Campingtouren)	🙂	
Kraftstoffverbrauch	🙁	Der Alkoven sorgt für heftigen Windwiderstand
Ausnahmen bestätigen die Regel!		

Teilintegrierte – die eierlegende Wollmilchsau

Irgendwie ein reichlich emotionsloser Name für ein Reisemobil – aber wen kümmert es? Die teilintegrierten Wohnmobile sieht man auf unseren Autobahnen mit Abstand am
häufigsten. Durch seine Abmessungen (unter 2,20 m breit,
zwischen 6 und 7,50 m lang) ist der Teilintegrierte durchaus
wendig, bietet auf der anderen Seite mehr Platz im Innern
als der Kastenwagen.

Bei diesem WoMo-Typ wird die mobile Wohnung nicht
in das Auto »hineingebaut«, wie es beim Kastenwagen der
Fall ist, sondern (ähnlich wie bei Alkoven und Vollintegrierten) auf das Chassis des Basisfahrzeuges konstruiert. Ty-
pisches Erkennungsmerkmal eines Teilintegrierten ist das
Standardfahrerhaus des jeweiligen Herstellers, hinter dem
jeweils individuell aufgebaut werden kann. Dieses Prinzip

eröffnet den Herstellern deutlich mehr Möglichkeiten als der Kastenwagenausbau. Ein Grund, warum es für diese WoMo-Klasse so viele unterschiedliche Grundrisse gibt. Das spiegelt sich natürlich auch bei den Reisenden wider. Paare können sich im Teilintegrierten wunderbar ausbrei-

Teilintegrierte Vor-/Nachteile

Teilintegrierte	Vor-/Nachteil	Bemerkung
Anfängertauglich	🙂	Kleinere Fahrzeuge lassen sich relativ einfach steuern und bedienen.
Wendig und kompakt	🙂	
Alltagstauglichkeit	🙁	
Geländegängig	🙁	
Stauraum	🙂	
Komfortabler Wohnraum	🙂	
Große Küche	🙂	
Badezimmer (Dusche und Toilette)	🙂	
Familientauglich (hinsichtlich längerer Campingtouren)	🙂	Variiert stark nach den entsprechenden Modellen. In der Regel ist ein zweites Doppelbett immer mit Einschränkungen im Wohnbereich verbunden.
Kraftstoffverbrauch	🙂	
Ausnahmen bestätigen die Regel!		

ten, zumal sich (wie bei Alkoven und Vollintegrierten) eine große Garage im Heck befindet. Wird der Grundriss im vorderen Bereich des Fahrzeuges mit einem ⊙ Hubbett ergänzt, haben auch Familien richtig viel Spaß mit diesem WoMo-Typ.

Wie beim Kastenwagen ist auch bei dieser Kategorie das »Fahrerhaus in den Wohnraum integriert«. Diese Katalogformulierung klingt natürlich gut – im Campingleben bedeutet es aber, dass nach jeder Ankunft Fahrer- und Beifahrersitz gedreht werden müssen. Zur Abfahrt beginnt das Spiel von Neuem: Die Sitze müssen wieder in die korrekte Fahrstellung justiert werden.

Charmant an diesen Reisemobilen ist wiederum die Gewichtsklasse, die sich zumeist unter der magischen Grenze von 3,5 Tonnen bewegt.

(Voll-)Integrierte – Könige der Straße

Diese Klasse ist etwas Besonderes. Denn die WoMo-Hersteller bauen nicht nur den Wohnbereich, sondern auch die Fahrerhauskabine komplett eigenständig. Vom Basisfahrzeug wird nur das Chassis mit der Fahrerhausplattform geliefert, also mit Sitzen, Lenkrad und Bedienelementen. Damit erlangt der Hersteller größtmögliche Freiheit bei Design und Aufbau seines Reisemobils. Auffällig an den meisten Integrierten sind die fehlenden Fahrer- und Beifahrertüren. Ins Cockpit gelangt man nur über den Wohnraum.

Die Grundrisse sind auch hier vielfältig. In der Regel kommst du vom Cockpit erst zur großen Sitzecke, dann zur Küche und zum Badezimmer, um schließlich im Heck auf großen Längsbetten oder einem Queensizebett sanft einzuschlummern.

Ein zweites Doppelbett befindet sich häufig in Form eines Hubbettes über dem Fahrerhaus. Die große Heckgarage bietet viel Platz für Möbel, Fahrräder und vieles mehr.

Das alles hat natürlich seinen Preis: Unter ca. 60 000 Euro sind ab Werk praktisch keine Vollintegrierten zu bekommen.

Integrierte Vor-/Nachteile

Integrierte	Vor-/Nachteil	Bemerkung
Anfängertauglich	☹	Aufgrund der Abmessungen bedarf es einer Eingewöhnung
Wendig und kompakt	☹	
Alltagstauglichkeit	☹	
Geländegängig	☹	
Stauraum	☺☺	
Komfortabler Wohnraum	☺	
Große Küche	☺	
Badezimmer (Dusche und Toilette)	☺	
Familientauglich (hinsichtlich längerer Campingtouren)	☺	Variiert stark je nach Modell.
Kraftstoffverbrauch	☹	
Ausnahmen bestätigen die Regel!		

Liner – Luxus auf vier oder mehr Rädern

Die Liner sind wirklich eine Klasse für sich. Das erkennt man schon daran, dass als Basisfahrzeuge keine Transporter dienen, sondern LKW oder Busse. Seitlich ausfahrbare Wohnräume, sogenannte Slide Outs, sind bei solchen Dickschiffen keine Seltenheit. Das Mobilitätsproblem am Urlaubsort lösen einige dieser faszinierenden Luxuscamper mit einer Heckgarage, die ihren Namen wirklich verdient: Darin findet sogar ein kleiner Sportflitzer Platz. Natürlich ist das nicht bei jedem Liner der Fall – aber das Beispiel führt vor Augen, was in dieser Klasse möglich ist: nämlich so gut wie alles.

An dieser Stelle könnte man nun seitenweise Features vorstellen, von der Spülmaschine bis hin zur eigenen Stromgewinnung. Allerdings würde das den Rahmen dieses Buches sprengen und der praktische Nutzen für den durchschnittlichen WoMo-Fan bliebe überschaubar. Denn eines steht fest: Für diese äußerst beeindruckenden Fahrzeuge muss man am tiefsten in die Tasche greifen. Preislich sind hier keine Grenzen gesetzt.

Liner Vor-/Nachteile

Liner	Vor-/Nachteil	Bemerkung
Anfängertauglich	☹☹	Es handelt sich um Fahrzeuge der LKW-Klasse.
Wendig und kompakt	☹☹	
Alltagstauglichkeit	☹☹	
Geländegängig	☹☹	
Stauraum	☺☺☺	Manche Liner verfügen sogar über eine Garage für ein Zweitfahrzeug.
Komfortabler Wohnraum	☺☺	
Große Küche	☺☺	
Badezimmer (Dusche und Toilette)	☺☺	
Familientauglich (hinsichtlich längerer Campingtouren)	☺	
Kraftstoffverbrauch	☹☹	
Ausnahmen bestätigen die Regel!		

Exoten

Die oben aufgeführten Fahrzeugtypen wirst du auf Campingplätzen am häufigsten antreffen. Darüber hinaus gibt es noch eine Reihe weiterer Kandidaten, die zumindest eine Erwähnung verdienen.

Pickups mit aufsetzbarer Wohnkabine sind dafür ein gutes Beispiel. Sie bieten eine Reihe von Vorteilen: Der kleine PKW-Truck kann ohne Kabine als Alltagsfahrzeug verwendet werden. Davon abgesehen ist der größte Nutzen sicherlich die Mobilität am Urlaubsort. Die Kabine am Campingplatz abgestellt, bleibt man weiterhin mobil und kann auf Sightseeing- oder Einkaufstour gehen. Natürlich hat man aber auch Einschränkungen hinzunehmen: Ähnlich wie beim Wohnwagen ist kein direkter Durchgang zwischen Fahrerhaus und Kabine möglich. Des Weiteren ist der Platz sehr beengt, oft auf Kosten einer Sanitärzelle.

Ein weiterer Reisemobiltyp ist das Expeditionsmobil, das meist auf ▶ Offroad (4x4) und (echte) ▶ Autarkie ausgerichtet ist. So ein Gefährt macht auf unseren Autobahnen wenig Sinn, auf Dünen oder schlammigen Pisten hingegen spielt es seine Stärken aus. Der Vater der Expeditionsmodelle ist der unverwüstliche Unimog. Weiterhin dienen LKW mit großer Bodenfreiheit als Basisfahrzeuge. Die aufgesetzte Wohnkabine ist dabei nicht immer vom Fahrerhaus direkt erreichbar.

Selbstausbau

Eine spannende, wenn auch aufwendige Alternative zum »fertigen« Wohnmobil ist ein Selbstausbau oder zumindest die Bereitschaft, gewisse Einrichtungen in Eigenregie umzusetzen. Das Wichtigste, was du als Selbstausbauer mitbringen musst, ist Leidenschaft. Dazu gehören nicht nur viel Zeit und Hingabe, sondern auch ein Händchen fürs Handwerkliche und die nötigen Nerven, wenn sich deine Vorstellung in der Praxis nicht sofort umsetzen lässt.

Der Reiz am Selbstausbau liegt auf der Hand: Zum einen kannst du deinen Van individuell so gestalten, wie er dir gefällt und dich jeden Tag aufs Neue anspricht – denn Design ist nun einmal Geschmackssache. In Eigenregie hast du zudem die Chance, jedes Detail in deinem WoMo exakt an deine Bedürfnisse anzupassen. Willst du zum Beispiel als Mountainbiker deine Fahrräder innen transportieren, fallen dir vielleicht viel bessere Bett-Stauraumlösungen ein, als der Markt anbietet.

Ein weiteres Argument, das ganz besonders für einen Selbstausbau spricht: Es ist dein Ding! Es trägt deine persönliche Note, du hast es selbst gebaut, du kannst stolz darauf sein. Darüber hinaus weißt du auch genau, wo du Hand anlegen musst, sollte es irgendein Problem geben.

Aus Markus' Erfahrung

Mein absoluter Traum ist immer gewesen, einen Van selber auszubauen. Leider fehlt mir dazu das handwerkliche Geschick und die notwendige Zeit. Aber auch mit einem Mobil »von der Stange« kann man Stück für Stück an vielen Themen basteln. So konnte ich mir nicht nur ein klein wenig Know-how aneignen, sondern entwickelte vor allem ein Verständnis für die Anforderungen an Material und Technik für die Wohnung auf vier Rädern.

FAHRZEUGTECHNIK

Konntest du dich für einen Reisemobiltyp entscheiden? Dann stellst du dir jetzt womöglich die logische Frage nach dem entsprechenden Basisfahrzeug. Das ist nachvollziehbar. Meiner Meinung nach sollte die Marke des Basisfahrzeugs bei der Wahl des richtigen Wohnmobils nicht im Vordergrund stehen – in einigen wichtigen Details unterscheiden sich die Basisfahrzeuge jedoch gravierend voneinander. Bei deiner Kaufentscheidung solltest du diese Merkmale deshalb nicht ganz außer Acht lassen, auch wenn sie im Verkaufsraum oder im Hochglanzprospekt kaum auffallen.

Basisfahrzeuge

Grundsätzlich bauen alle Wohnmobile auf Nutzfahrzeugen auf. Den Transporter T6.1 beispielsweise kann man direkt von VW ausgebaut als Modell »California« kaufen; daneben setzt auch eine Vielzahl an Ausbauern auf die VW-Basis. Mit der großen Menge an Assistenzsystemen (Abstandshalter, Bremsassistent, Einparkhilfe uvm.) ähnelt das VW-Bus-Fahrgefühl dem in einem PKW. Den Transporter gibt es mit Vorderradantrieb oder als Allradvariante. Sein Dieselmotor sorgt mit optionaler DSG-Automatik für guten Fahrkomfort. Dank all dieser Pluspunkte ist der VW-Bus bei den Campingbussen immer noch das Maß aller Dinge. Aber viele weitere Hersteller rütteln am Thron der Ikone.

Mercedes hat mit seiner V-Klasse in Zusammenarbeit mit Westfalia einen direkten Konkurrenten zum VW California auf den Markt gebracht. Und auch Wohnmobilhersteller bieten mittlerweile Campingbusse an. Sie bedienen sich dabei unterschiedlicher Nutzfahrzeuge. So wird der SpaceTourer auf Citroen-Basis angeboten, der Copa auf dem Ford Transit, der Crosscamp auf Opel- bzw. Toyota-Basis oder der Kompanja auf dem Renault Traffic. Und das sind noch längst nicht alle Hersteller!

Bei den größeren Reisemobilen verhält es sich ähnlich, nur der ultimative Platzhirsch ist von einem ganz anderen Konzern, nämlich von Fiat. Der Ducato belegt in dieser Kategorie immer noch Platz eins, was einerseits daran liegen dürfte, dass bei ihm (und den baugleichen Citroen Jumper und Peugeot Boxer) alle relevante Technik im Fahrerhaus verbaut ist. Im Innenraum dahinter können sich die Ausbauer nach Belieben austoben.

Es gibt noch einen weiteren Grund, der Fiat einen Vorsprung verschafft: Bei diesem Kastenwagen setzt man auf eine relativ eckige Form. Das sieht auf den ersten Blick vielleicht nicht ganz so sexy aus und dürfte im Windkanal nicht die beste Note geben, doch der Ausbau des Innenraums geht deutlich einfacher von der Hand als bei den schnittig designten Konkurrenten. Am deutlichsten zeigt das der direkte Vergleich von Grundrissen mit Querbetten. Bei Ducato, Jumper und Boxer bleiben dem Reisenden immer noch knapp 2 Meter Liegefläche. Das schafft man beim Mercedes Sprinter oder dem VW Crafter nur mit zusätzlichen Ausschnitten an den Seitenwänden.

Allradantrieb

Auch die Fiat-Konkurrenten wie der Mercedes Sprinter, der VW Crafter (sowie der baugleiche MAN TGE) oder der Ford Transit können mit einem Vorteil aufwarten: Sie bieten ab Werk einen Allradantrieb an – diese Option gibt es bei Fiat nicht.

Andere Allradnutzfahrzeuge wie der Renault Master oder der Iveco Daily sind seltene Gäste in der Wohnmobilszene.

Wie gesagt: Die Marke des Basisfahrzeuges sollte auf keinen Fall entscheidend sein. Solltest du aber in deinen Basic-Fragen anhand der Prioritäten herausgefunden haben, dass du unbedingt ein Allradfahrzeug brauchst – okay. Bedenke nur, dass dieser Wunsch deine WoMo-Kandidatenliste unter Umständen stark eingrenzen kann.

Automatik

Neben dem Antriebsthema verdient auch das Automatik-schaltgetriebe (ASG) kurz deine Aufmerksamkeit. Heute bieten fast alle Hersteller ein Aggregat mit ordentlicher Automatik (Wandlerautomatik) an. Doch Fiat – wie gesagt der Marktführer bei den größeren WoMos – verbaute bis 2019 immer noch die sogenannte ⊙ Comformatic, den einfachen, klassischen Automatikantrieb. Das Fahrverhalten eines 3,5-Tonnen-Fahrzeugs mit diesem Getriebe unterscheidet sich z. B. deutlich von dem eines modernen PKW. Wenn du das akzeptierst, wirst du sicherlich Freude mit diesem System haben. Dagegen könnte sprechen, dass eine potenzielle Fehlerquelle mehr im Auto mitfährt. Falls du also ein gebrauchtes Fahrzeug suchst und mit einem Fiat liebäugelst, solltest du dies im Hinterkopf behalten.

Assistenzsysteme

Das Fahrgefühl in modernen Nutzfahrzeugen unterscheidet sich immer weniger von dem in einem PKW. Das gilt auch für alle modernen WoMos, da sie wie gesagt auf Nutzfahrzeugen aufbauen. Achte deshalb bei den Basisfahrzeugen unbedingt auf die verfügbaren Assistenzsysteme: Kleine, aber feine Helferlein wie Fernlichtassistent, Totwinkelassistent oder Notbremssystem steigern sowohl den Fahrkomfort als auch die Sicherheit.

Motoren und Umweltzonen

In den Reisemobilen auf dem europäischen Markt steckt meist ein Dieselmotor. Spätestens bei der Konfiguration stellt sich die Gretchenfrage: Genügen ein paar PS weniger, oder soll das Schätzchen etwas mehr Power unter der Haube haben? Jeder Fahrer hat dabei seine eigenen Vorlieben und Philosophien. Zwei Dinge möchte ich hierbei zu bedenken geben:

1. WoMos wiegen selten wenig – dazu gleich mehr. Spätestens wenn du über einen Anhänger nachdenkst, wirst du um einen stärkeren Motor nicht herumkommen.
2. Europaweit gelten Abgasnormen. Möchtest du viele Städtetouren machen und auch mit dem Wohnmobil direkt in die City? Dann beschäftige dich unbedingt mit dem Thema Umweltzonen, gerade wenn du mit einem Gebrauchtfahrzeug liebäugelst.

Servicenetz

Ein schlagkräftiges Argument für die Marke des Basisfahrzeuges ist durchaus auch das Angebot der Servicewerkstätten. In Europa sind die oben genannten Hersteller gut aufgestellt, wenn auch nicht jede Werkstatt Nutzfahrzeuge abwickeln kann.

SCHWERWIEGENDE FRAGE: DARF'S EIN BISSCHEN MEHR SEIN?

Über das Gewicht spricht man nicht – in diesem Abschnitt muss ich leider eine Ausnahme machen. Ich weiß, das Thema ist unangenehm und vor dem Urlaub die ultimative Spaßbremse. Zu groß ist die Aufregung wegen des bevorstehenden Abenteuers. E-Bikes, Schlauchboot, Paddle Boards – alles passt perfekt in die Heckgarage! Oder doch nicht?

Der Branche kreide ich nicht viel an, aber das Gewichtsthema definitiv. Denn wenn überhaupt mal jemand darüber spricht, wird so kompliziert gerechnet und mit Begriffen um sich geworfen, dass man am liebsten gleich wieder weghört. Man will in den Urlaub fahren und kein Mathestudium nachholen!

Natürlich will ich dich an dieser Stelle auf keinen Fall verschrecken – nur sensibilisieren. Im folgenden Abschnitt habe ich deshalb zusammengefasst, in welchen Situationen das Gewicht deines Wohnmobils eine Rolle spielt. Denn nur wenn du das Gewicht im Griff hast, wirst du immer sicher und mit Freude auf der Straße unterwegs sein. Also der Reihe nach.

Führerscheinklasse

Alle WoMo-Hersteller versuchen, ihre Fahrzeuge in der Gewichtsklasse unter 3,5 Tonnen anbieten zu können. Einer der Gründe dafür ist der Führerschein. Denn alle Führerscheine der Klasse B (zuvor Klasse 3), die nach dem 1. Januar 1999 ausgestellt wurden, erlauben nur noch die Fahrt mit Fahrzeugen bis 3,5 Tonnen. Der vorherige Führerschein der Klasse 3 berechtigte den Fahrer, bis zu 7,49 Tonnen schwere Gefährte zu steuern.

Für dich bedeutet das: Auch wenn du deinen Führerschein vor 1999 erworben hast, gilt es zu berücksichtigen, ob andere Familienmitglieder oder Freunde, die vielleicht einmal dein WoMo fahren sollen, ebenfalls diese Berechtigung besitzen.

Natürlich kann man auch den Führerschein auf den C1 und C erweitern. Zum einen ist das mit Kosten verbunden, zum anderen werden dann alle 5 Jahre Gesundheitschecks fällig. Das gilt übrigens auch für Führerscheinbesitzer der Klasse 2, die älter als 50 Jahre alt sind und Fahrzeuge der Klasse C fahren möchten.

Du siehst: Schon die Geschichte mit dem Führerschein ist eine kleine Wissenschaft, darum erspare ich dir an dieser Stelle den langen Vortrag. Wenn du es genauer wissen möchtest, kannst du dich zum Beispiel beim TÜV, beim ADAC oder bei Fahrschulen informieren.

Die Maut

Ein ständiger Stressfaktor: die Straßennutzungsgebühr, kurz Maut. Sie wird fällig, wenn du vorhast, bestimmte Straßen (meist Autobahnen), Brücken oder Tunnel zu befahren.

Wir freuen uns über ein offenes Europa, aber in puncto Maut geht jedes Land seinen eigenen Weg. Dabei spielt das Gewicht des Fahrzeuges eine erhebliche Rolle: Zahlst du zum Beispiel in Deutschland erst ab 7,5 Tonnen die Autobahnmaut, musst du im Nachbarland Österreich bereits bei über 3,5 Tonnen eine sogenannte »Go-Box« installiert haben. Bis dahin reicht die Vignette an der Frontscheibe oder der digitale Kauf, der auf das Kennzeichen gebucht werden kann.

Damit also das Gewicht deines WoMos an der Grenze nicht zur Problemzone wird, überlege dir frühzeitig, ob es zu deinen Reiseplänen passt.

 Alle wichtigen Infos zu Gebühren für Straßen & Co findest du unter diesem Link:

www.fan4van.com/strassengebuehren

Verkehrsregeln

Bei den Verkehrsregeln ist die 3,5 eine magische Zahl. Das bezieht sich zum einen auf Durchfahrtsbeschränkungen und Parkplatzangebote, zum anderen ist die Höchstgeschwindigkeit limitiert. Hier ein Überblick über die Tempolimits in Deutschland, Österreich und der Schweiz *(siehe nächste Seite)*:

Achtung: Mit zunehmendem Gewicht werden auch höhere Steuern und saftigere Bußgelder fällig!

Tempolimits für Wohnmobile in km/h

	bis 3,5 Tonnen	3,5–7,5 Tonnen	über 7,5 Tonnen
Deutschland			
Geschwindigkeit innerorts	50	50	50
Geschwindigkeit außerorts	100	80	60
Geschwindigkeit Autobahn	130*	100	80
*Richtgeschwindigkeit			
Österreich			
Geschwindigkeit innerorts	50	50	50
Geschwindigkeit außerorts	100	70	70 (22–5 Uhr: 60)
Geschwindigkeit Autobahn	130	80	80 (22–5 Uhr: 60)
Schweiz			
Geschwindigkeit innerorts	50	50	50
Geschwindigkeit außerorts	80	80	80
Geschwindigkeit Autobahn	120	100	80

Mein Wohnmobilgewicht

Was bedeutet das zugelassene Gesamtgewicht jetzt in der Praxis? Am Anfang steht die sogenannte »fahrbereite Masse«. Dieser schwammige Begriff bezeichnet das Fahrzeuggewicht, das der Hersteller nach fixen Vorgaben zu ermitteln hat. Mittlerweile ist er verpflichtet, dem Käufer ein »Certificate of Conformity« zu übergeben, worin die tatsächliche Masse aufgeführt sein muss. Diese wiederum setzt sich aus dem fahrbereiten Zustand und der bestellten Sonderausstattung zusammen. Um Modelle vergleichen zu können ist es ratsam, diese drei Komponenten gegenüberzustellen:

1. Zulassungsgewicht
2. Gewicht im fahrbereiten Zustand
3. Gewicht der Sonderausstattung

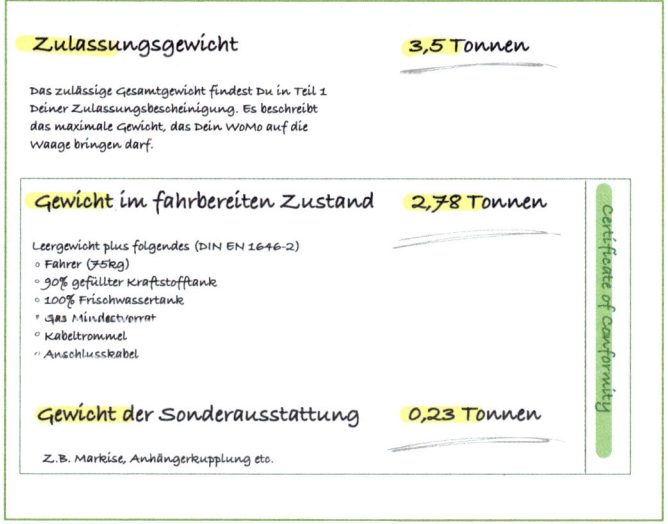

Zulassungsgewicht   **3,5 Tonnen**

Das zulässige Gesamtgewicht findest Du in Teil 1 Deiner Zulassungsbescheinigung. Es beschreibt das maximale Gewicht, das Dein WoMo auf die Waage bringen darf.

Gewicht im fahrbereiten Zustand   **2,78 Tonnen**

Leergewicht plus folgendes (DIN EN 1646-2)
○ Fahrer (75kg)
○ 90% gefüllter Kraftstofftank
○ 100% Frischwassertank
○ Gas Mindestvorrat
○ Kabeltrommel
○ Anschlusskabel

Certificate of Conformity

Gewicht der Sonderausstattung   **0,23 Tonnen**

z.B. Markise, Anhängerkupplung etc.

Konkret heißt das für dich: Du suchst dir beispielsweise ein Wohnmobil aus, das auf 3,5 Tonnen zugelassen ist. Es weist eine fahrbereite Masse von 2780 kg auf. Die Sonderausstattung schlägt mit weiteren 230 kg zu Buche. Dann bleiben auf dem Zettel 490 kg für den Rest. Nun hast du auch noch das große Glück, dass du selbst nur 70 kg wiegst (mein Glückwunsch an der Stelle) – dann bleiben dir 495 kg für den Rest der Familie, die vollen Tanks, deine Grundausstattung (Geschirr etc.), Essen und Getränke, Klamotten, Fahrräder und, und, und.

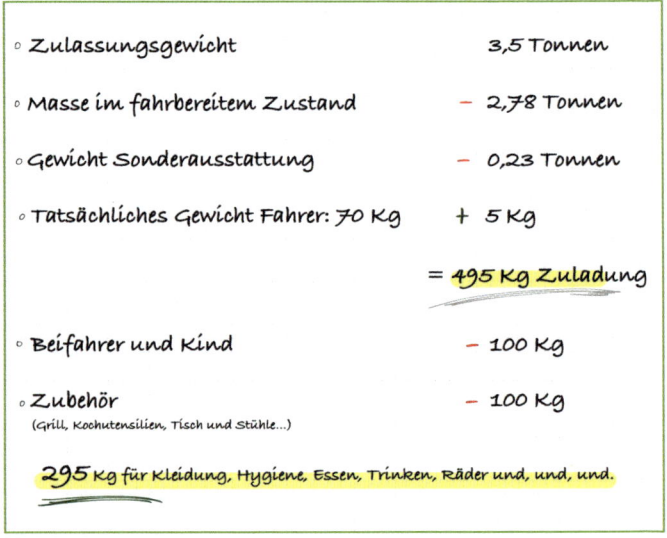

- Zulassungsgewicht   3,5 Tonnen
- Masse im fahrbereitem Zustand   – 2,78 Tonnen
- Gewicht Sonderausstattung   – 0,23 Tonnen
- Tatsächliches Gewicht Fahrer: 70 Kg + 5 Kg

                    = 495 Kg Zuladung

- Beifahrer und Kind   – 100 Kg
- Zubehör   – 100 Kg
  (Grill, Kochutensilien, Tisch und Stühle...)

295 Kg für Kleidung, Hygiene, Essen, Trinken, Räder und, und, und.

Du siehst: Es kann schnell knapp werden. Und am Ende fließen Tränen, weil das neue Schlauchboot zu Hause bleiben muss. Auch wegen solch emotionaler Entscheidungen ist das Thema Gewicht so ungeheuer wichtig! Besser also, du hast es von Anfang an auf dem Schirm, wenn du auf die Suche nach einem Wohnmobil gehst.

PIMP YOUR WOMO

Klingt prollig – muss es aber nicht sein. Dein Wohnmobil individuell zu gestalten beschränkt sich ja nicht nur auf optische Optimierungen. Es schließt auch Funktionen ein, die das Leben auf vier Rädern vereinfachen. Manche Maßnahmen dienen auch dem Fahrzeugschutz und verlängern damit die Haltbarkeit oder erhöhen den Wiederverkaufswert.

Im Nachfolgenden möchte ich dich auf einige Ideen bringen, die für noch mehr Freude beim Camping sorgen.

Folierung

Eine Folierung am Äußeren des Wohnmobils kann eine Kleinigkeit sein, die dennoch große Wirkung zeigt. Schon ein Schriftzug oder ein Logo wertet jede leere Fläche auf. Zu überlegen wäre auch, gleich das gesamte Reisemobil zu folieren – beispielsweise wenn die Entscheidung auf ein gebrauchtes Wohnmobil oder ein Vorführmodell fällt. So bleibt man bei der Wahl allen Farbvarianten gegenüber offen und schränkt die Suche nicht zusätzlich ein.

Eine Folierung mit der persönlichen Wunschfarbe hat zwei weitere große Vorteile: Erstens erstrahlt das WoMo in neuem Glanz und wird damit zum echten Hingucker! Zweitens profitiert der Lack von dieser Maßnahme. Dadurch lassen sich nebenbei die Lebensdauer und der Wert des Fahrzeugs steigern.

Unterbodenschutz

Keine andere Fläche an einem Wohnmobil wird so von äußeren Einflüssen geärgert wie der Unterboden. Schmutz, aufwirbelnde Steine, Wasser oder Salz setzen dem Fahrzeug ordentlich zu. Daher ist es ratsam, sich über einen notwendigen Schutz Gedanken zu machen. Je früher damit begonnen wird, umso weniger Rost muss entfernt werden.

Das ist extrem wichtig, denn wenn man die Hohlräume und die Bodenplatte versiegelt, darf keine einzige Roststelle mehr übrig sein.

Die Versiegelung in einer Werkstatt kann schnell einen vierstelligen Betrag aufrufen. Doch es lohnt sich! Dein Wohnmobil wird es dir in puncto Langlebigkeit und Wiederverkaufswert danken.

Fahrwerksoptimierung

Ein Reisemobil ist meist nicht ganz mit dem Komfort eines PKW vergleichbar. Das hängt auch mit den unterschiedlichen Fahrwerken zusammen. Zudem sind Nutzfahrzeuge darauf ausgelegt, ganz unterschiedlichen Belastungen ausgesetzt zu werden. Wie aber bereits im Abschnitt zum Gewicht klar wurde, treiben wir Camper unser Mobil meist hart an die Belastungsgrenze. Besonders auf langen Touren merkt man deutlich, dass es je nach Straßenverhältnissen etwas stärker rumpeln kann. Logisch – es steht ganz einfach nicht mehr der komplette Federweg zur Verfügung.

Deutlich komfortabler und auch viel sicherer reist es sich daher mit optimierten Federbeinen und Zusatzluftfedern. Je nach Basisfahrzeug bieten Hersteller wie Alko, Goldschmitt, SMV oder VB Airsuspension unterschiedlichste Systeme für die zusätzliche Federung des Fahrwerks an. Auch für diese Optimierung braucht man das nötige Kleingeld im Portemonnaie – ein vierstelliger Betrag ist locker drin.

Es gibt noch eine weitere Lösung, um den Fahrkomfort auf Reisen zu steigern:

18-Zoll-Felgen

Standardmäßig werden Camper mit 15- oder 16-Zoll-Rädern ausgeliefert. Eine Aufrüstung mit 18-Zoll-Rädern lohnt sich, denn sie bringen nicht nur ein neues Design mit, sondern fördern auch ein samtweiches Fahrgefühl. Der Trick: Man kann diese Breitreifen mit deutlich weniger Luftdruck fahren als 15- oder 16-Zoll-Räder. Dieser niedrige Druck im Zusammenspiel mit weicheren Reifenflanken und der breiteren Aufstandsfläche ermöglicht spürbar mehr Fahrkomfort.

Tipp

Das Thema Reifen ist eine Wissenschaft für sich – zum Beispiel müssen sie sich für die Traglast deines Wohnmobils eignen. Informiere dich dazu deshalb zu allen Detailfragen unbedingt bei einem Fachmann deines Vertrauens.

Die Vielfalt an Möglichkeiten, dein eigenes Wohnmobil zu optimieren und deinen individuellen Bedürfnissen anzupassen, sind schier unerschöpflich. Vergiss dabei aber nie diese goldene Regel: Wichtiger als jede punktuelle Verbesserung ist die Betriebserlaubnis – und damit auch der Versicherungsschutz deines Wohnmobils.

Das Wichtigste nochmal zusammengefasst:

- Camping ist eine Phase. Das Wohnmobil fürs Leben wirst du kaum finden. Gehe den Kompromiss zeitlich ein, nicht bezogen auf die Tour..
- Mieten oder kaufen – beides hat Vor- und Nachteile. In beiden Fällen kommt es darauf an, den passenden Reisemobiltyp zu finden.
- WoMo-Typen unterscheiden sich in Bauart, Grundriss und Basisfahrzeug.
- Beachte: Für manche Wohnmobile gelten spezielle Verkehrsregeln.
- Bei WoMo Miete oder -Kauf unbedingt auf Gewichtsgrenzen achten. Die Zulassung beschränkt das Gewicht, nicht das Packmaß..

 **Life Hack**

Bevor das Wohnmobil gekauft wird, solltest du deinen Wunschcamper genau unter die Lupe nehmen. Dein favorisierter Grundriss steht beim Händler nicht zur Besichtigung? Auf Mietplattformen wie paulcamper.de oder yescapa.de wirst du fündig, kannst WoMos von privat mieten und so dein Traummodell vorm Kauf in einem ersten Urlaub entspannt testen und erleben.

☀ Firmware-Update

 Die Welt dreht sich. Aktuelle Gesetzesänderungen und neue Links aus diesem Kapitel findest du unter:
www.how-to-womo.de/kapitel-2

3

TECHNIK IM WOHNMOBIL

Morgens einen Kaffee kochen, mittags ein Getränk aus dem Kühlschrank, anschließend das Klo benutzen und abends bei kuscheliger Beleuchtung Musik hören – im Wohnmobil kannst du fast den gleichen Komfort genießen wie zu Hause. Im Prinzip hast du in deiner fahrenden Wohnung keine größeren Herausforderungen zu meistern als in deinem Haus oder in deiner Wohnung, es ist eben nur alles ein bisschen filigraner und mobiler. In jedem Fall wird dir dein WoMo deutlich mehr technische Hilfsmittel bieten als ein normaler PKW, ganz gleich, in welchem mobilen Domizil du unterwegs bist.

Das Thema Technik im Wohnmobilbereich ist ein extrem weites Feld – allein mit dem Wissen, den Fragen und Meinungen in den unzähligen Internetforen könnte man ganze Bibliotheken füllen. Ich möchte dir hier nur Schritt für Schritt einige Grundkenntnisse vermitteln, in welchen Situationen die WoMo-Technik für dich relevant wird, damit du im Camper für alle Lebenslagen gerüstet bist.

Wie funktioniert das mit dem fließenden Wasser beim Zähneputzen? Woher nehme ich den Strom, wenn ich mit meinem Laptop ins Internet möchte? Kann ich im WoMo auch Kuchen backen? Wie kriege ich die Heizung zum Laufen, wenn mir kalt wird? Wie klappt das mit der Toilette? Und ist es möglich, im Wohnmobil Fernsehen zu schauen oder gar zu streamen? Diese und viele weitere Fragen kannst du bald spielend beantworten und dich unterwegs auf das Wesentliche konzentrieren: die Reise und deine Erlebnisse!

WOMO-STROM

Ohne Strom läuft nicht viel im Reisemobil. Die Wohnraumbeleuchtung frisst elektrische Energie, außer du bist Romantiker und putzt dir bei Kerzenlicht die Zähne. Die Pumpe kann nur pumpen und dich mit fließendem Wasser versorgen, wenn sie Strom bekommt. Dein Kühlschrank braucht (in den meisten Fällen) Strom, um dich mit einem eiskalten Bier zu beglücken. Willst du im Wohnmobil anständig einheizen, fordert zudem deine Gas- bzw. Dieselheizung – du hast es schon erraten – noch mehr Strom.

Die Art der Stromversorgung in deinem Wohnmobil hängt zum einen davon ab, welche Reisen unternommen werden, zum anderen, welche Stromverbraucher an Bord sind. Wenn du viel auf Camping- und Stellplätzen übernachtest, wirst du wenig Sorgen bezüglich einer guten Stromversorgung haben. Hier stehen dir Steckdosen mit 230 Volt zur

Verfügung. Möchtest du dagegen viel ⊙ autark stehen, ist ein Blick auf deine Elektrogeräte sehr wichtig. Das ist relativ unkompliziert, wenn du ausschließlich Verbraucher verwendest, die mit 12 Volt funktionieren. Willst du aber auch mal direkt am Strand einen Föhn oder deine 230-Volt-Kaffeemaschine zum Einsatz bringen, reichen die 12 Volt hinten und vorne nicht. Natürlich gibt es dafür Lösungen – aber der Reihe nach.

Prinzipiell ist die Stromversorgung in einem Wohnmobil folgendermaßen aufgebaut: Als Stromspeicher dienen die sogenannten Versorgungs- oder Aufbaubatterien – nicht zu verwechseln mit der Starterbatterie, die unter der Motorhaube steckt und deinen Motor anspringen lässt. Die Versorgungsbatterien befinden sich meist im Wohnraum unter Sitzen oder in Schränken versteckt. Ein Ladegerät sorgt dafür, dass der Stromspeicher wieder gefüllt wird, sobald du am Landstrom angeschlossen bist. Zusätzlich werden die Batterien auch während der Fahrt per Verbindung zur Lichtmaschine geladen. Eine 230-Volt-Installation mit den bekannten (Schuko-)Steckdosen erlaubt dir die Nutzung von größeren elektrischen Geräten, sobald du am Landstrom angeschlossen bist. Mit dieser Grundausstattung, die praktisch in jedem Wohnmobil vorhanden ist, werden alle wichtigen Geräte betrieben – vom Licht über den Kühlschrank bis hin zur Heizung.

Vorsicht beim Hantieren mit der Elektrik! Wenn du dir bei möglichen Um- oder Einbauten nicht sicher bist, ziehe unbedingt immer einen Fachmann zurate.

Die (Aufbau-)Batterie

Als Speicher für deine Energie werden unterschiedliche Batterien verwendet. Aufgrund ihres niedrigen Preises trifft man immer wieder Bleibatterien an. Hauptsächlich werden in Reisemobilen Gel-, AGM- oder Lithium-Batterien verbaut. Das liegt ganz einfach daran, dass sie rüttelfest und wartungsfrei sind – eine nicht ganz unwichtige Eigenschaft für einen Akku in einem Fahrzeug. Das neue große Ding, über das jeder spricht, sind die neuartigen Lithiumbatterien. Sie lassen sich im Gegensatz zu allen anderen fast komplett tiefenentladen. Das bedeutet salopp gesagt, dass sie fast völlig leergelutscht werden können, während man andere Akkutypen teilweise nur bis zur Hälfte entladen darf, da sie sonst unbrauchbar würden. Eine Lithium hält, was sie ver-

spricht, dabei bleibt ihre Lebensdauer sehr hoch. Der größte Pluspunkt im Vergleich zu anderen ist ihr Gewicht. Die Lithiumvariante kommt auf gute 15 bis 18 Kilogramm weniger als eine ◉ AGM mit vergleichbarer Leistung. So wird Gewicht eingespart und du kannst das Schlauchboot vielleicht doch wieder einplanen, oder wenigstens eine weitere Kiste Bier.

Vor-/Nachteile Batterietypen

	Lithium	Gel	AGM
Management und Ladung	😊😊	😠	😊
Betrieb mit Wechselrichter	😊😊	😠	😊
Tiefenentladung möglich	😊😊	😊	😠
Lebensdauer (gemessen an Zyklen)	😊😊	😊	😊
Gewicht	😊	😠	😠
Kälteempfindlichkeit	😠	😊😊	😊😊
Preis	😠	😊	😊😊

So viele Vorteile schlagen sich allerdings auch im Preis einer Lithiumbatterie nieder. Die Investition lohnt sich nur, wenn du viel und lange autark stehst und deine Stromversorgung aufrechterhalten musst. Steuerst du hingegen regelmäßig Camping- oder Stellplätze an, reicht dir ein anderer Speicher völlig aus

Von besonderer Bedeutung in der Batteriefrage ist der ökologische Aspekt. In Bezug auf die Gesamtlebensdauer liegt die Lithiumbatterie hier ganz klar vorne. Die Bleibatterie verursacht zwar einen geringeren Energieaufwand bei der Herstellung, bei langer Nutzung des Energiespeichers kehrt sich dieser Vorteil aber um.

Stromquellen

Der beste Akku bringt nichts, wenn keine spendende Stromquelle zur Verfügung steht, um die Batterie wieder auf hundert Prozent zu laden. Eine 230-Volt-Versorgung in Reichweite macht es dir am leichtesten. Mit einem sogenannten CEE-Stecker kannst du dich dabei sicher mit dem Landstrom verbinden.

CEE-Stecker

Im Campingbereich sind die blauen CEE-Stecker gebräuchlich (und teilweise vorgeschrieben). Der Verbinder ist mit nur einem Außenleiter, Neutral- und Schutzleiter für eine Spannung von 230 Volt vorgeschrieben. Dieser Stecker sorgt (anders als eine Schuko-Steckverbindung) für Unverwechselbarkeit von Außenleiter (L) und Neutralleiter (N).

Mit Landstrom bringst du deine Batterie schnell wieder voll auf Touren und kannst Kaffeemaschine und Co. ans 230-Volt-Netz anschließen, allerdings nicht zum Nulltarif. Je nach Anbieter wird nach unterschiedlichen Modellen abgerechnet. Gerade an Stellplätzen trifft man häufig auf Stromsäulen, die per Münzeinwurf freigeschaltet werden. Es schadet also nicht, wenn du in deinem Camper immer 50-Cent- oder Ein-Euro-Münzen parat hältst.

Ist keine Steckdose in Reichweite, bist du auf dein eigenes Kraftwerk angewiesen. Drei alternative Formen der Stromerzeugung haben sich im Campingbereich als nützlich erwiesen und durchgesetzt.

Die wahrscheinlich am weitesten verbreitete Stromquelle ist die Sonnenenergie. Fest verbaute Solarpaneele speisen über einen Laderegler die Aufbaubatterie mit neuer Energie. Sobald die Sonne aufgeht, fließt neue Power, ohne weitere Kosten oder Gestank zu verursachen. Fest verbaute Paneele auf deinem WoMo-Dach kommen für dich nicht in Frage? Dann ist vielleicht ein faltbares Solarpaneel mit Tragegriff – eine sogenannte Solartasche – interessant für dich. Der Aufbau kostet zwar etwas Zeit, aber die Tasche bietet auch zwei tolle Vorteile: Erstens kannst du an einem heißen Sommertag im Schatten parken (solltest du das Glück haben, dafür den richtigen Platz zu finden), und dennoch das Solarpaneel in die Sonne stellen, um die gewonnene Energie per Kabel einzuspeisen. Zweitens hast du in den kalten Monaten die Chance, deine Solaranlage dem Einfallswinkel der Sonne entsprechend aufzustellen, was dir deutlich mehr Ausbeute bringt als waagerecht verbaute Dachpaneele, bei denen die Strahlen der Wintersonne nur im flachen Winkel auftreffen. Darüber hinaus kann sich die Anschaffung einer Solartasche durchaus lohnen, wenn du dein Fahrzeug häufig wechselst, zum Beispiel weil du dein WoMo lieber mietest als kaufst.

Eine weitere mögliche Quelle für elektrische Energie ist der Stromgenerator. Handelsübliche Generatoren werden mit Benzin betrieben, es gibt aber auch Diesel- oder Gasaggregate. Nimmt man für so ein leistungsstarkes kleines Ding ein bisschen mehr Geld in die Hand, erzeugt es sogar eine Wechselspannung mit optimaler Sinuskurve, wie sie für einige Elektrogeräte wichtig ist. (Mehr dazu auf Seite 90 im Abschnitt »Der Wechselrichter«.)

Aber ich will nichts schönreden: Stromgeneratoren sind laut und stinken. Mit so einem Krachmacher wirst du dich nicht nur bei deinen Nachbarn äußerst unbeliebt machen, sondern auf Dauer auch deine eigenen Nerven auf die Probe stellen. Realistisch betrachtet wird ein eigener Generator nur beim Expeditionsmobil zu einer wirklich brauchbaren Option.

Anders verhält sich das mit einer mobilen Brennstoffzelle. Ja, du hast richtig gelesen: eine Brennstoffzelle, ein kleines Kraftwerk im Wohnmobil, circa doppelt so groß wie ein normaler Schuhkarton. Zugegeben, besonders verbreitet ist dieses kleine Energiewunder bei WoMo-Freunden noch nicht, was vermutlich am sehr hohen Preis liegt. Es bietet jedoch alle Vorzüge eines benzinbetriebenen Stromgenerators: Die Batterie lädt und lädt, ob die Sonne scheint oder Regen aufs WoMo-Dach prasselt. Dabei entsteht weder Lärm noch Gestank, sondern als Abfallprodukt nur Wasserdampf und wenig Kohlendioxid. Diese vergleichsweise umweltfreundliche Stromquelle verbraucht Methanol, der im Kunststoffkanister mit auf die Reise kommt. Komfortabler und sauberer geht es nicht.

Die Verbraucher im WoMo

Um es deutlich zu sagen: Mit Verbrauchern meine ich nicht den Rest der Familie, sondern deine Geräte, die Strom verbrauchen. Zu deinen wichtigsten WoMo-Pflichten gehört es, alle stromfressenden Helferchen genau im Auge zu behalten. Denn auch mit alternativen Energiequellen verfügst du im Wohnmobil nur über ein 12-Volt-Bordnetz, solange du nicht am Landstrom angeschlossen bist.

Alle vom Werk verbauten Geräte können gut mit 12 Volt umgehen. LED-Lichter – das ist bekannt – kommen locker mit niedrigen Spannungen aus, und auch die verwendeten Kühlschränke oder Heizungen in Reisemobilen sind vergleichsweise bescheiden. Die Frage ist nur: Wie energiehungrig sind die Verbraucher, die du ins Mobil mitbringst?

Über benutzerfreundliche Endgeräte wie Handys, Laptops oder Kameras brauchst du dir nicht den Kopf zu zerbrechen. Sie lassen sich meist problemlos via USB am Leben erhalten. Was aber, wenn du auf deine Kaffeemaschine, den Toaster oder den kräftigen Föhn für die Lockenköpfe deiner Kids nicht verzichten willst? Diese Geräte funktionieren nur mit 230 Volt. Steht dafür kein Anschluss zum Landstrom bereit, gibt es trotzdem eine Lösung, damit die Haare trocken und die Toasts knusprig werden:

Der Wechselrichter

Ein Wechselrichter (auch »Spannungswandler« oder »Inverter« genannt) macht aus 12-Volt-Gleichstrom eine 230-Volt-Wechselspannung. Wichtig zu beachten ist hierbei, dass nicht alle Wechselrichter mit einer reinen Sinuswelle arbeiten, wie wir es von zu Hause gewohnt sind. Viele Endgeräte kommen mit dieser modifizierten Sinuswelle durchaus zurecht (z. B. Wasserkocher, normale Kaffeemaschinen, alte Glühbirnen usw.). Modernere Elektrogeräte mit sensibleren Bauelementen tun sich dagegen schwerer (z. B. Kaffeepad-Maschinen, E-Bike-Ladegeräte, Netzteile für Notebooks usw.). Mit einem reinen Sinuswellen-Spannungswandler bist du für die Zukunft gut gerüstet.

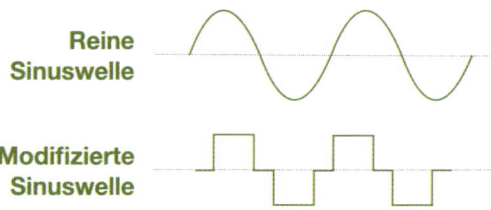

Die Leistung des jeweiligen Verbrauchers ist entscheidend bei der Stromversorgung mit einem Wechselrichter. Wie berechnest du dessen Leistung? Hierfür gibt es eine Faustformel: Der Wechselrichter sollte die dreifache Leistung gegenüber der Dauerleistung des gewünschten Verbrauchers haben. Klingt kompliziert, ist aber ganz einfach: Wenn du zum Beispiel eine Kaffeemaschine mit einer Dauerlast von 600 Watt betreiben möchtest, benötigst du dafür einen

Wechselrichter mit einer Leistung von 1800 Watt. Da Kaffeemaschinen oder ähnliche Geräte gerade beim Anschalten oft deutlich mehr Leistung bringen (zum Beispiel 1200 Watt), sollte der Wechselrichter auch auf die (kurze) Spitzenleistung ausgelegt sein.

Deshalb sind auf einem Wechselrichter immer zwei Werte angegeben: zum einen die Leistung, die dauerhaft zur Verfügung steht, zum anderen die maximale Spitzenleistung, die der Inverter kurzzeitig ausgeben kann.

Aus Markus' Erfahrung

Es gibt einige Elektrogeräte, wie zum Beispiel Laptop oder Bildschirm, die normalerweise mit 230 Volt betrieben werden. Für diese Verbraucher kann man optional 12-Volt-Netzgeräte im Fachhandel besorgen und am Zigarettenanzünder anschließen. Zu Beginn meiner Camperkarriere lag hier für mich die naheliegende Lösung.

Im Laufe der Zeit musste ich feststellen, dass diese Anschaffungen ordentlich ins Portemonnaie greifen. Spätestens beim nächsten neuen Laptop wird in der Regel auch ein neues Netzteil fällig. Relativ einfach konnte ich mir ausrechnen, dass ich lieber einmal in einen ordentlichen Wechselrichter investiere, um danach sorgenfrei alle meine Geräte betreiben zu können. Ob sich die Investition lohnt, hängt natürlich stark von den Geräten ab, die regelmäßig im WoMo zum Einsatz kommen.

DIE WASSERVERSORGUNG IM MOBILEN APARTMENT

Für unbeschwertes Reisen im Camper ist Wasser ein elementarer Bestandteil. Hände waschen, kochen, spülen selbst die simpelsten Dinge werden plötzlich kompliziert, wenn das Wasser nicht mehr läuft. Ohne Wasser könnte gleich das ganze Badezimmer zu Hause bleiben – es gibt zwar schon Trockenshampoo, aber die schöne warme Trockendusche nach dem Surfen muss erst noch erfunden werden.

Wie zu Hause gehören auch im WoMo der Warmwasserboiler und Wasserhähne zu einem funktionierenden Wasserkreislauf. Der große Unterschied zum heimischen Leitungswasser ist hingegen die Versorgung. Denn das Mobil können wir nicht einfach an ein öffentliches Trinkwassernetz und Abwasserkanäle anschließen. In Wohnmobilen gibt es deshalb Tanks für Frisch- und Abwasser (auch »Grauwasser« genannt). Je nach Fahrzeugtyp befindet sich der Frischwassertank im Fahrzeuginneren, verbaut unter einem Bett oder in der Küchenzeile. Der Grauwassertank dagegen ist außerhalb am Fahrzeugboden, der tiefsten Stelle des Wohnmobils, angebracht.

Öffnet man einen Wasserhahn, beginnt die Pumpe, das Wasser durch Leitungen aus dem Frischwassertank durch den Hahn zu treiben. Das Abwasser läuft von selbst durch die Schwerkraft in den Grauwassertank. Das allerdings hat seine Tücken – bestes Beispiel ist die Dusche. Spätestens wenn du einmal in der Kabine stehst und dein Fahrzeug nicht ganz gerade ausgerichtet ist, wirst du gegebenenfalls sehr dankbar für den zweiten Abfluss sein. Denn egal in welche Richtung dein WoMo geneigt ist, das Wasser findet den richtigen Weg in den Tank und nicht auf den Fußboden neben der Dusche.

Frischwasser

Über eine Öffnung an der Seitenwand des Wohnmobils kann man ganz einfach per Schlauch, Gießkanne oder Kanister den Frischwassertank befüllen. Ein Faltkanister im WoMo macht sich sehr gut, um lange Wege zur nächsten Wasserquelle zu überbrücken.

Tipp

Wasser bedeutet Gewicht! Je mehr Wasser, umso mehr Autarkie, aber auch weniger Zuladung. Um eine genaue Kontrolle über die Befüllung zu behalten, gibt es (zum Beispiel im Baumarkt) Wassermengenzähler, die das durchgeleitete Wasservolumen anzeigen. So behältst du die perfekte Kontrolle über dein WoMo Gewicht.

Auf Campingplätzen, Stellplätzen, Rasthöfen und an extra dafür eingerichteten Service Points findest du spezielle ⊙ Ver- und Entsorgungsstellen. Das Befüllen funktioniert spielend einfach, dennoch solltest du achtsam dabei vorgehen. Denn hat sich dein Wassersystem einmal Keime oder Dreck eingefangen, wirst du sie nicht so leicht wieder los. Man kann beim Camping zwar über einiges hinwegsehen – Durchfall und Erbrechen gehören definitiv nicht dazu.

┌─ *Info* ──────────────────────────────

Laut Weltgesundheitsorganisation sind 80 Prozent der Rei-
sekrankheiten auf verunreinigtes Wasser zurückzuführen.

└──────────────────────────────────────

Musst du oft auf Wasserquellen zurückgreifen, denen du nicht das größte Vertrauen entgegenbringen kannst? Dann empfehle ich dir ein Filterset. Damit wird das Wasser, bevor es in deinen Tank gelangt, bestmöglich von Keimen und sonstigen unangenehmen Winzlingen befreit – und Bauchschmerzen sind kein Thema mehr.

Gerade wenn draußen die Temperaturen klettern, ist bei der Lagerung des Wassers auf die Verkeimung zu achten. Tagelange direkte Sonneneinstrahlung auf deinen Frischwassertank ist nicht förderlich für deine Wasserqualität. Umgangssprachlich ist die Rede davon, dass das Wasser zu kippen droht. Frischhaltepräparate auf Silber- oder Chlorbasis schaffen Abhilfe, indem sie das Keimwachstum einschränken, während das Wasser im Tank lagert. Eine weitere Möglichkeit, den Frischwassertank keimfrei zu halten, verspricht die Ionisierung.

Fest verbaute Filteranlagen im Wassersystem können ebenso vor Verunreinigung schützen. Diese müssen jedoch extra eingebaut und regelmäßig gewartet werden. Die entsprechenden Filter lassen sich austauschen und sind teilweise biologisch abbaubar.

Tipps zur Wasserzufuhr

- Eigene Gießkanne verwenden
- Eigenen Schlauch verwenden
- Filter verwenden
- Equipment vollkommen trocknen
- Equipment trocken und schattig lagern

Grauwasser

Überall wo etwas hineingeht, kommt auch an anderer Stelle etwas wieder heraus. So natürlich auch beim WoMo. Wohin also mit dem ganzen verbrauchten Wasser? Gesammelt wird es, wie bereits beschrieben, im Grauwassertank unterhalb des Fahrzeugs. Um diesen Tank zu entleeren, fährt man mit dem Camper exakt über eine Ablassvorrichtung an der Ver- und Entsorgungsstelle. Meistens ist das ein einfacher Gully. Das erfordert eventuell bei den ersten Malen einen Rangiervorgang mehr, aber mit etwas Teamwork findest du schnell die richtige Position. Nun heißt es: Schotten öffnen und raus mit der Plörre.

Eines sei an dieser Stelle schon verraten: Die Fäkalien aus der Toilette kommen in diesem Moment nicht wieder ans Tageslicht. Sie landen nämlich nicht im Grauwassertank, sondern in der Kassettentoilette – man spricht hier vom »Schwarzwasser«.

Tipp

Bitte achte vor der Verwendung des Wassers unbedingt darauf, dass der Abwassertank geschlossen ist. Alles andere ist nicht nur schädlich für die Umwelt, es sorgt auch für Gespött auf dem Campingplatz!

Wissenswertes zu den Wassertanks

Über die Füllstände beider Tanks informiert dich die Steuerzentrale des Wohnmobils. An einer Prozentangabe oder Grafik erkennst du genau, wann das Frischwasser im Tank zur Neige geht, oder wann es Zeit wird, den Grauwassertank zu entleeren.

Wie oben kurz angeschnitten, spielt auch die Umgebungstemperatur eine wichtige Rolle. Bei Hitze braucht nicht nur der Frischwassertank Beachtung, auch das Grauwasser könnte auf sich aufmerksam machen. Bleibt der Abwassertank mehrere Tage ungeleert, können sich unangenehme Gerüche im Fahrzeug ausbreiten. Je öfter der Tank entleert wird, desto zufriedener deine Geruchsrezeptoren und desto erholsamer dein Urlaub.

Um generell lange Freude am Wasser im Wohnmobil zu haben, empfiehlt sich eine jährliche Reinigung des kompletten Wasserkreislaufes. Dafür gibt es im Fachhandel spezielle Reinigungssets.

Je niedriger die Temperaturen, desto einfacher ist der Umgang mit dem Wasser. Irgendwann wirst du, schon zu deinem eigenen Wohl, die Heizung aufdrehen. Spätestens wenn das Thermometer jedoch in den Minusbereich fällt, ist Dauerheizen ein Muss. Eingefrorene Wasserleitungen oder -hähne kosten wirklich Nerven, nicht nur, weil du auf deine heiße Tasse Tee verzichten musst, sondern vor allem, weil der Frost dein Wohnmobil in Mitleidenschaft zieht. Sogar der Abwassertank außerhalb des Fahrzeugs sollte über eine Heizung verfügen – so bleibt das Grauwasser flüssig und verursacht keine Schäden am Tank. Wäre es nicht bitter, wenn du die Reise abbrechen müsstest, weil der Tank voll ist, sich aber nicht mehr entleeren lässt?

Tipp

Wenn du dein Wohnmobil für einen längeren Zeitraum abstellst, entleere alle Tanks, Boiler und Leitungen von Wasser. Wo du die entsprechenden Ablaufhähne findest, verrät dir dein Bordbuch. (Mehr dazu auf den *Seiten 125 und 219f.*)

DAS WOMO-KLO

Als Kind fand ich es absolut faszinierend, dass man in einem Wohnmobil auf die Toilette gehen kann. Ein Auto mit Klo! Das hat mich nachhaltig beeindruckt. Ein Heimscheißer (entschuldige den Ausdruck) erlangt also mit einem Reisemobil vollkommen neue Freiheiten. Aber auch das hat seinen Preis, denn irgendwann muss dein Geschäft das WoMo auch wieder verlassen.

In der Campingwelt gibt es unterschiedliche Arten von Toiletten. Eine Zerhackertoilette macht ihrem Namen alle Ehre: Sie generiert aus den Fäkalien, dem Toilettenpapier und reichlich Spülwasser einen dickflüssigen Brei, der ohne weitere Chemie entsorgt werden kann. Eine Trockentoilette kann man sich vorstellen wie ein Katzenklo. Eine Trenntoilette dagegen ist das Katzenklo 2.0 – hierbei wird der Urin gesondert vom Kot gesammelt. In der Praxis erfreut sich diese Methode immer größerer Beliebtheit, weil sie komplett ohne Wasser auskommt und relativ geruchsneutral zu verwenden ist – wobei ich an der Stelle das Wort »relativ« gern unterstreichen würde. Angenommen, man ist von Durchfall geplagt, dürfte dieser Toilettentyp in der Praxis eher weniger Spaß machen.

Der Ferrari unter den Campingtoiletten ist sicherlich die Verbrennertoilette. Hier werden die Ausscheidungen in einem wasserdichten Papierbeutel gesammelt und – wie der Name schon sagt – verbrannt. Das Ergebnis ist ein Häufchen Asche, das problemlos überall entsorgt werden kann. Das Problem sind hier nicht nur die extrem üppigen Anschaffungskosten, sondern auch der hohe Strom- und Gasbedarf.

Die Toilette, die man am häufigsten in Wohnmobilen findet, ist die Chemie- beziehungsweise Kassettentoilette. Die Funktionsweise ist schnell erklärt: Mit Frischwasser werden die Ausscheidungen in eine Plastikkassette gespült. Ein Chemiezusatz in diesem Auffangbehälter zersetzt Fäkalien und Toilettenpapier und beseitigt (oder vielmehr: überlagert) unangenehme Gerüche. Reist man als kleine Familie, wird die Kassette gewöhnlich nach zwei Tagen zu entleeren sein. Die meisten Ver- und Entsorgungsstellen bieten dafür einen separaten Abfluss. Jetzt heißt es: Wäscheklammer auf die Nase und durch! Denn zugegeben – dieser Job gehört nicht gerade zu den Lieblingsaufgaben beim Camping. Aber was muss, das muss. Mit reichlich Wasser ausgespült und einem Schuss Sanitärflüssigkeit ist die Toilette schnell wieder einsatzbereit, und das Spiel beginnt von Neuem. Übrigens: Auch die portablen Toiletten (wie »Porta Potti« für Campingbusse) funktionieren nach diesem System.

Moderne Ver- und Entsorgungsstellen verfügen sogar über Automaten, welche die komplette Entsorgung und Reinigung der Kassette für dich übernehmen – Herz, was willst du mehr?

Ein großer Nachteil dieses Systems ist allerdings sicherlich die zu verwendende Chemie. Daher sollte man mit Bedacht vorgehen und in jedem Einzelfall genau darauf achten, dass eine Entsorgungsstelle wirklich zur Chemietoiletten-Entsorgung ausgewiesen ist.

TEMPERATUREN IM WOMO

Nach einem Herbstspaziergang an der stürmischen Küste oder hoch oben auf der Alm ins behaglich geheizte Wohnmobil schlüpfen – für viele Camper ist das der Inbegriff von Gemütlichkeit. Temperaturregulierung im Wohnmobil spielt eigentlich zu jeder Jahreszeit eine Rolle, besonders dann, wenn das Wetter einmal nicht mitspielt.

Die Heizung

Reisemobile laufen heute nicht mehr ohne Heizung vom Band, daher kannst du dich unbekümmert auf eine kuschlige Wärme freuen. Jedoch gibt es bei den Systemen erhebliche Unterschiede.

Die einfachste Bauart, eine Umluftheizung mit Gebläse, wirst du auch in älteren WoMos vorfinden. Du aktivierst die Heizung über ein Kontrollpanel und stellst deine gewünschte Temperatur ein. Durch einen Wärmetauscher wird Luft erhitzt und per Gebläse über Rohre im WoMo verteilt. Ein Thermostat überwacht die Raumtemperatur und regelt das Heizsystem. So wird es schnell überall warm, hat aber auch den Nachteil, dass es durch das Gebläse laut werden kann. Zudem verbraucht es ordentlich viel Strom.

Deutlich komfortabler sind dagegen Warmwasserheizungen. Das System funktioniert ähnlich wie Heizungen im Haushalt: Anstelle von Luft wird Wasser erwärmt, das durch Leitungen zirkuliert und sich in Konvektoren sammelt. Im Wohnmobil befinden sich also kleine Heizkörper. Optional kannst du dieses System mit einem beheizten Fußboden ergänzen und (mit Hilfe unterschiedlicher Wasserkreisläufe und Konvektoren) sogar separate Temperaturzonen im Camper einrichten. Das heißt: Morgens heizt du nur im Badezimmer – tagsüber sorgst du lediglich im Wohnbereich für angenehme Temperaturen. Der größte Vorteil dieses Systems liegt in der gemütlichen Abstrahlwärme. Das Aufheizen dauert zwar etwas länger, doch diesen Nachteil kannst du mit einem zusätzlichen Luftgebläse kompensieren. Ein weiteres Manko der Warmwasserheizung: Sie erfordert einen deutlich komplizierteren Einbau und mehr Wartung. Damit ist diese Heizung leider auch teurer als eine Gebläseheizung.

Warmwasser

Damit nicht nur der Innenraum deines Reisemobils aufwärmt, sondern auch das Wasser aus dem Hahn, braucht dein Fahrzeug einen Boiler. Schon aus diesem Grund steht das Thema Heizung bei absoluten Warmduschern wie mir ganz oben auf der Prioritätenliste. Warmes Wasser bewährt sich nicht nur an kalten Tagen, sondern macht auch in puncto Körperhygiene einen gewaltigen Unterschied. Wer einmal mit Warmwasser im Van unterwegs war, möchte dieses kleine Stück Luxus nicht mehr missen.

Warmwasserboiler werden in den Fahrzeugkategorien ab dem Kastenwagen in der Regel an der jeweiligen Heizung angeschlossen oder integriert. In aktuellen Campern ist eine Kombination aus Heizung und Warmwasserboiler mittlerweile Standard.

Tipp

Viele WoMo-Heizungen lassen sich bereits während der Fahrt einschalten. Bei kühlem Wetter werden es dir deine Mitreisenden auf der Rückbank danken – so ist dein WoMo bei der Ankunft wohlig warm und lädt zu einem gemütlichen Aufenthalt ein.

Mit welcher Energie werden die verschiedenen Heizungssysteme betrieben? Du hast die Qual der Wahl zwischen zweieinhalb Varianten: Gas ist als Energiequelle weit verbreitet, daneben sind Diesel- oder Kraftstoffheizungen immer mehr im Kommen. Seit Kurzem werden diese bestehenden Konfigurationen um elektrische Heizstäbe erweitert, mit denen das System Gas oder Kraftstoff einspart. Das funktioniert

Heizsysteme Vor-/Nachteile

	Gas-Gebläseheizung	Gas-Warmwasserheizung	Diesel-Gebläseheizung	Diesel-Warmwasserheizung
Aufwärmzeit	🙂	☹️	🙂	☹️
Kombination mit Boiler möglich	🙂	🙂	🙂	🙂
Kraftstoffverbrauch	☹️	☹️	🙂	🙂
Kraftstoffversorgung	☹️	☹️	🙂	🙂
Stromverbrauch	🙂	🙂	☹️	☹️
Geräusche	☹️	🙂	☹️	😐
Gleichmäßige Wärmeverteilung	☹️	🙂	☹️	🙂
Option auf Fussbodenheizung	☹️	🙂	☹️	🙂
Einfach nachzurüsten	🙂	☹️	🙂	☹️
Anschaffungskosten	🙂	☹️	🙂	☹️
Abgasgeruch	🙂	🙂	☹️	☹️

allerdings nur mit Anbindung an den Landstrom. Heizen ist also nicht gleich Heizen – hier hilft einzig und allein testen und nach persönlichen Vorlieben auswählen.

— Aus Markus' Erfahrung —————

In meinem Kasten habe ich mich für eine Dieselheizung entschieden – aus einem einfachen Grund: Ich bin in ganz Europa unterwegs, aber nicht alle üblichen Gasflaschen und -anschlüsse sind miteinander kompatibel. Mit meiner Dieselheizung komme ich nie in die Bredouille, dass ich an einem Ort meine Gasflaschen nicht tauschen kann, weil mein System dort nicht erhältlich ist. Zudem genieße ich den gewonnenen Platz, weil ich in meiner Garage nicht zwei Gasflaschen mitführe.

Die Nachteile der Dieselheizung – der etwas höhere Geräuschpegel und möglicherweise ein leichter Geruch – nehme ich gerne in Kauf, da ich meistens freistehe. Die relativ neue Option der elektrischen Heizstäbe wäre auf Campingplätzen eine geniale Ergänzung und steht auf meiner Wunschliste für die Zukunft ganz weit oben.

Gerade in der kalten Jahreszeit erweist sich der Fußboden als Wärmebrücke und kühlt sehr schnell aus – ein Graus für einen Selbstständigen wie mich, der mit dem WoMo meistens beruflich unterwegs ist. Auf vielen meiner Businesstouren verbringe ich mehrere Stunden in der Sitzgruppe am Rechner. Mit frostigen Füßen würde ich sehr schnell schlechte Laune bekommen – dank meiner Fußbodenheizung ist das aber überhaupt kein Problem. So macht arbeiten Spaß!

Die Klimaanlage

Wärme im WoMo ist fein, solange sie nicht überhandnimmt. Das passiert im Sommer ganz schnell. Stell dir einen tollen Spot irgendwo in der Mecklenburgischen Seenplatte vor: Während du dich in der Sonne aalst, staut sich im Camper die Hitze. Nachts rührt sich kein Lüftchen, und du tust kein Auge zu. In so einer Situation erlöst dich eine Klimaanlage. Es gibt sie als Dachaufsatz anstelle einer Dachluke oder als Staukastenvariante, die zum Beispiel in der Sitzgruppe Platz findet. Eines sei aber ehrlicherweise gesagt: Die Geschichte von der erholsamen Sommernacht am See funktioniert nur, solange du über Landstrom verfügst, denn Klimaanlagen sind eben besonders hungrige Stromfresser.

Tipp

Wenn die Stauhitze gar nicht aus dem Schlafbereich herauswill, hilft zusätzliches Lüften mit einem kleinen Ventilator. Hier spielen Campingbusse oder Kastenwagen ihre Stärke aus, weil die großen Seiten- und Hecktüren eine weite Öffnung ermöglichen.

DIE KÜCHE

Eine Wohnmobilküche ist in der Regel überschaubar: Sie besteht aus einem Gasherd mit zwei oder drei Flammen, einem Kühlschrank und einem kleinen Spülbecken. Beim Schneiden und Zubereiten der Speisen wird es oft eng, denn Ablageflächen sind knapp.

Die Kühlschränke sind extra für das mobile Leben optimiert. Teilweise funktionieren sie sogar hybrid mit Strom und Gas und entscheiden automatisch, welche Energiequelle in puncto Effizienz gerade die beste ist. In Fahrzeugen mit Kraftstoffheizungen finden Kompressorkühlschränke ihren Platz, die mit relativ wenig Strom betrieben werden. Somit wird Gas höchstens noch zum Kochen benötigt.

Je größer die Wohnmobile werden, umso mehr Komfort kann eine Küche bieten – über Mikrowelle und Backofen bis hin zu einer normalen Spülmaschine ist alles drin. Aber selbst ohne Backofen kannst du morgens Brötchen aufbacken und nachmittags einen Kuchen kreieren: Möglich macht es das »Omnia«, ein relativ preiswertes Küchengerät, das in der Campingbranche mittlerweile Kultstatus erlangt hat. Egal ob Aufläufe, Pizza oder Brot – mit diesem kleinen Wundergerät verwandelst du jede Gasflamme in einen Miniofen.

Wenn du komplett auf Gas verzichten möchtest, gibt es auch für deinen Herd Alternativen. Früher hießen diese entweder Spiritus oder Diesel, doch mittlerweile halten zudem Induktionskochfelder Einzug in Reisemobile. Die nötige Power liefert die zuvor angesprochene Lithiumbatterie.

DAS CAMPERKINO

Am Fernsehen beim Camping scheiden sich die Geister: Für die einen ist es ein rotes Tuch, während die anderen lieber zu Hause bleiben würden, als auch nur einen Tag auf die geliebte Soap oder die Nachrichten zu verzichten. Trotzdem: Selbst der größte Camper-TV-Muffel freut sich am Ende eines verregneten Tages über einen gemütlichen Kinoabend im Wohnmobil.

Für diesen Zweck gibt es im Fachhandel speziell entwickelte Fernseher mit 12-Volt-Technologie, die für die besonderen Anforderungen des Campinglebens ausgerichtet sind. Kondenswasser zum Beispiel, das im kalten Fahrzeug durch rasches Einheizen entstehen kann, stecken diese Geräte locker weg. Wenn du abends über Campingplätze spazierst, wirst du feststellen, dass immer mehr Campingurlauber sogar Beamer mit auf die Reise nehmen.

Damit steht einem perfekten Fußballabend nichts mehr im Weg – außer du bekommst partout kein ordentliches Signal. Je nach Reiseverhalten kannst du auf drei verschiedene Empfangstechnologien zurückgreifen: Über das terrestrische Fernsehen, auch DVB-T2 genannt, empfängst du mittlerweile in Deutschland, Österreich und der Schweiz flächendeckend richtig viele Programme. Privatsender sind meist nur gegen Bezahlung verfügbar. Wegen der geringen terrestrischen Reichweite werden nur lokale Sender empfangen – wobei ein Fußball-WM-Endspiel mit spanischem oder italienischem Kommentar durchaus seinen Reiz haben kann.

Besuchst du unterschiedliche Länder, könnte das Satellitenfernsehen eine gute Alternative für dich sein. Mit einer Parabolantenne auf dem Dach empfängst du nach kurzer Ausrichtung der Satellitenschüssel die Programme, die du von zu Hause kennst. Ist der Blick ins Weltall frei, empfängst du beinahe aus jedem Winkel der Welt pünktlich um 20 Uhr deutscher Zeit die Tagesschau.

Ein neues Kapitel eröffnet das Internetfernsehen. Mit streamingfähigen Geräten, entsprechenden ▶ Dongles oder einem PC lassen sich überall in der Welt deine Lieblingssendungen und Videos ins Wohnmobil streamen. Wichtigste Voraussetzung dafür ist eine gute Internetverbindung. Wie du die herstellen kannst, schauen wir uns im nächsten Abschnitt genauer an.

INTERNET IM WOHNMOBIL

Eine stabile Onlineverbindung ist nicht nur wegen der spannenden Streamings ein interessanter Bestandteil im Wohnmobil, sondern erleichtert auch den routinemäßigen E-Mail- oder Wetter-Check. Nicht alle Länder glänzen mit einer ordentlichen Netzabdeckung. Bei Reisen ins Ausland erwartet dich oft ein großes Wow- oder auch ein Oops-Erlebnis, je nachdem wie verwöhnt du aus deiner Heimatregion bist.

Drei Technologien bringen dich unterwegs unkompliziert ins Netz: Die einfachste Variante ist sicherlich ein vorhandenes WLAN-Netz auf einem Camping- oder Stellplatz. Darauf verlassen würde ich mich allerdings nicht, denn die Stabilität und Verfügbarkeit hängt nicht nur vom jeweiligen Platz ab, sondern auch von der Anzahl der Nutzer und der Entfernung zum Hotspot. Dessen Signal lässt sich mit einem ▶ Web Catcher verstärken, allerdings ist ein solches Gadget relativ teuer.

Tipp

Achtung: Kostenlose WiFi-Hotspots sind nicht unbedingt umsonst – man bezahlt allzu oft mit seinen Daten. Des Weiteren können offene Netze ein Einfallstor für Bösewichte sein, die sich widerrechtlich Zugang zu deinen Geräten verschaffen.

Wenn du großen Wert auf stabile Verbindungen und deine privaten Daten legst, könnten die nachfolgenden Varianten etwas für dich sein.

Lösung Nummer eins: das Mobilfunknetz. Den Zugang verschaffst du dir entweder mit deinem Smartphone via Hotspot oder mit einem mobilen Router. Bei Letzterem ist optional der Anschluss von Antennen möglich, damit der Datenaustausch noch schneller läuft. Je nach Anbieter und Vertrag können so zusätzliche Kosten entstehen. Roaminggebühren sind innerhalb der EU zwar Geschichte, für die Schweiz beispielsweise gilt das aber nicht. Informiere dich am besten zuvor bei deinem Anbieter nach der jeweils aktuellen Regelung, ob bei einer Durchfahrt erhöhte Gebühren anfallen. Im Zweifelsfall bleibt dir immer noch die Möglichkeit, einfach deine mobilen Daten zu deaktivieren.

Wenn du ganz sichergehen und die Kontrolle über deine Internetkosten behalten möchtest, bieten sich Prepaidkarten an. Damit können zwar die einzelnen übertragenen Gigabytes teurer sein als bei einem Laufzeitvertrag – ist man jedoch nicht allzu oft darauf angewiesen, bleibt es in Summe günstiger. Darüber hinaus lässt dir eine Prepaidkarte die freie Wahl des Anbieters, sodass du dir genau denjenigen

Durchschnittlicher Datenverbrauch

Durchschnittlicher Datenverbrauch je Anwendung	
Youtube 144p pro Minute	2 MB
Youtube 1080p HD pro Minute	30 MB
Netflix niedrige Qualität pro Minute	1 MB
Netflix hohe Qualität pro Minute	50 MB
Scrollen auf Instagram pro Minute	3,5 MB
Spotify niedrige Qualität pro Minute	1 MB
Spotify hohe Qualität pro Minute	2 MB
WhatsApp-Videoanruf pro Minute	5 MB
WhatsApp-Sprachnachricht pro Minute	300 KB
WhatsApp-Nachricht (nur Text)	5 KB
Eine Googlesuche	200 KB

herauspicken kannst, der in deiner Urlaubsregion die beste Netzabdeckung verspricht.

Eine grobe Einschätzung deines Datendurchsatzes erlaubt die Übersicht zu den üblichen Datenanwendungen auf *Seite 109*.

Die dritte Variante ist die Internetnutzung via Satellit. Früher wurde diese Technologie in erster Linie von Expeditionsfahrzeugen verwendet, weil sie im Vergleich extrem teuer ist und zu hohen Latenzzeiten führt.

Elon Musk könnte mit diesem Zustand allerdings bald aufräumen: Sein Projekt Starlink verspricht schnelles Internet, das dank 30 000 Satelliten mit kleinen, portablen Endgeräten überall auf der Welt zugänglich sein soll. Für Deutschland wurde ein Start ab Mitte 2021 angekündigt. Der anfängliche Nutzungspreis von 99 Euro pro Monat klingt zunächst sehr hoch, ist aber im Vergleich zu herkömmlichen Anbietern via Satellit durchaus preiswert. Für Vanlifer oder Businesscamper, die auf gutes Netz angewiesen sind, könnte sich der neue Service durchaus rentieren. Auf alle Fälle wird Musk mit diesem Projekt die Branche ordentlich aufmischen, was uns Campern am Ende hoffentlich zugutekommt.

SICHERHEIT IM WOMO

Internet im Reisemobil spielt nicht nur für Information, Unterhaltung und Arbeit eine Rolle, sondern kann auch die Sicherheit unterstützen.

Bevor wir beide uns an dieser Stelle in dramatische Horrorszenarien verrennen, möchte ich eines vorwegschicken: Meiner Meinung nach kann man in Europa relativ entspannt bleiben, was dieses Thema betrifft. Dass Wohnmobile aufgebrochen und Wertgegenstände daraus geklaut werden – ja, das kommt leider vor. Der hohe Werterhalt eines Wohnmobils und die große Nachfrage schüren natürlich auch die Diebstahlrate. Mit kleinen Tricks und wohl bedachtem Vorgehen beim Abstellen kannst du schon vielem Ungemach vorbeugen.

Zum Schutz vor Einbruch oder gar Diebstahl des ganzen Fahrzeugs lassen sich mechanische Vorrichtungen installieren, wobei Türen und Fenster im Fokus stehen. Eine Alarmanlage schützt dein Schätzchen zusätzlich. An der Stelle kann auch das Internet den Langfingern die Tour vermasseln. Denn es gibt Alarmsysteme, die nicht nur eine Ortung des Fahrzeugs möglich machen, sondern darüber hinaus sogar eine Abschaltung des Motors aus der Ferne. Wenn mit deinem WoMo etwas Verdächtiges geschieht, bekommst du sofort eine Nachricht auf dein Smartphone und kannst anhand der Alarmmeldung erkennen, um welchen Zwischenfall es sich handelt. Im schlimmsten Fall, also wenn dein WoMo geklaut wird, stellst du den neuen Möchtegernbesitzern einfach den Motor ab und informierst die Polizei über deren Standort. Dieses clevere System lässt sich problemlos nachrüsten und permanent erweitern.

Neben deinem Fahrzeug und deinen Wertsachen solltest du aber in erster Linie an deinen eigenen Schutz und den deiner Reisebegleiter denken. Gas- oder CO_2-Warner können Leben retten.

Tipps zur Sicherheit im Fahrzeug

- Mit Aufklebern vor bissigem Hund und/oder Alarmanlage warnen.
- Wertgegenstände nicht offen liegen lassen, im besten Fall immer mitnehmen.
- Fast leere Geldbeutel und Taschen in naheliegenden Verstecken drapieren, um von den eigentlichen und gut versteckten Wertsachen abzulenken.
- Wertgegenstände im fest verbauten Tresor schützen.
- Aufbautüren durch zusätzliches Schloss schützen.
- Fenster im Wohn- und Schlafbereich mechanisch gegen Aufhebeln sichern.
- Viel Licht und/oder Sirenen anbringen, Diebe stehen nicht gerne im Mittelpunkt.
- Gas-, CO_2-Warner und Rauchmelder installieren, die dich im Schlaf schützen.

Aus Markus' Erfahrung

Meinen Kasten schütze ich vor allem mit einer Alarmanlage – nach dem Motto: Wenn einer rein will, kommt er auch
rein. Doch ich versuche, den Knallköpfen das Leben wenigstens durch Sirene, Licht und Co. möglichst unangenehm zu
machen.

Die nachgerüstete Alarmanlage bietet mir einen genialen
Mehrwert: Ich kann mein Fahrzeug per SMS oder Bluetooth
ver- und entriegeln. Wenn ich mich auf eine schöne Gleitschirm oder SUP-Tour mache, lasse ich meinen Fahrzeug-
schlüssel in einem kleinen Safe im Fahrzeug. Meine Smart-
watch schließt mir den Camper ab, und ich kann mich ohne
weiteren Ballast ins Abenteuer stürzen. Der Kasten ist zuge-
sperrt, die Alarmanlage scharf und ich glücklich.

NAVIGATION

Mit Straßenkarten und Atlanten fahren heute nur noch
Nostalgiker in den Urlaub – und selbst die einst revolu-
tionären Navigationsgeräte mit GPS-Technik haben mit
dem Smartphone ernstzunehmende Konkurrenz bekommen.

Es leistet einen beeindruckenden Job: Tools wie Google
Maps oder Apple Karten zeigen dir nicht nur den Weg, sie
unterstützen dich perfekt in möglichen Stausituationen.

Einmal auf den Geschmack gekommen, wirst du darauf zukünftig ungern verzichten wollen. Ein Nachteil dieser beiden Apps offenbart sich aber spätestens bei der ersten niedrigen Brücke: Sie unterstützen aktuell noch keine fahrzeugspezifischen Daten wie die Höhe, Breite, Länge und das Gewicht. Mit einem Wohnmobil von drei Metern Höhe kann das zum handfesten Ärgernis werden. Gerade wenn man das WoMo nicht im Alltag einsetzt, vergisst man schnell die Ausmaße der rollenden Wohnung, denn sie fährt sich ja beinahe wie ein PKW.

Behelfen kann man sich mit kostenpflichtigen Apps, wie zum Beispiel Sygic Truck. Hier werden Routen entsprechend der Spezifikationen deines Wohnmobils angepasst.

Apps für die Navigation

	Google Maps	Apple Maps	Here WeGo	waze	Sygic Wohnmobil
Kosten in Euro	kostenlos	kostenlos	kostenlos	kostenlos	ca. 100
Fahrzeugspezifische Daten	nein	nein	nein	nein	ja
Offlinekarten	ja	nein	ja	nein	ja
Länder	weltweit	weltweit	weltweit	weltweit	Europa
Tempolimit	nein	nein	ja	ja	ja
Aktuelle Verkehrsinformationen	ja	ja	ja	ja	ja (14 € pro Jahr)

Neben der Nutzung des Handys kannst du auf externe Navigationsgeräte vertrauen. Firmen wie Garmin oder Tom-Tom haben spezielle Camper-Navis auf den Markt gebracht, die du einfach an die Windschutzscheibe oder das Armaturenbrett klemmst und über den Zigarettenanzünder mit Strom versorgst.

Die dritte Variante sind fest eingebaute Navigationssysteme, wie sie zum Beispiel von Zenec, Alpine oder Pioneer angeboten werden. Deren Campereditionen berechnen die Routen ebenfalls mit Blick auf die individuellen Fahrzeugdaten. Da diese Geräte mit dem Fahrzeug fest verbunden sind, werden zum Beispiel Geschwindigkeit und Streckenkilometer nicht nur über GPS, sondern direkt vom Fahrzeug eingespeist. Wenn du schon mal mit einer Handynavigation durch lange Bergtunnels in Österreich oder der Schweiz gefahren bist, kannst du dir vorstellen, warum ich diese Funktion so schätze.

Diese Naviceiver sind aufgrund des Einbaus und der Hardware die teuersten Varianten. Zudem bieten sie nicht die Flexibilität beim Fahrzeugwechsel wie die beiden Kollegen.

Tipp

Ein System ist nur immer so gut, wie es gepflegt wird. Zur Routine vor jeder Abfahrt gehört der Check von Firmware-Updates (Kartenmaterial, Points of Interest, kurz POI: Tankstellen, Campingplätzen, Servicestellen u.v.m.) Möchtest du die Datenrate so gering wie möglich halten, empfiehlt es sich, auf Offlinekarten zurückzugreifen. Dazu lädst du das benötigte Kartenmaterial im heimischen WLAN-Netz vollständig herunter, damit deine Navigation auf der Reise nicht zusätzliche Downloads beansprucht.

Aus Markus' Erfahrung

Bei der Navigation vertraue ich keinem einzelnen System allein. Für mich hat sich eine Kombination aus Naviceiver und Google Maps auf dem Smartphone bewährt. Mögliche Stauumfahrungen kann ich dadurch besser bewerten – gleichzeitig wird mir immer eine Route angezeigt, die auf mein Fahrzeug abgestimmt ist.

Das Wichtigste nochmal zusammengefasst:

- Wähle deinen Batterietyp passend zu deinem Energiebedarf und zu deinen Reisen.
- Gehe mit (Frisch-)Wasser immer sensibel um.
- Heizungen unterscheiden sich nicht nur in ihrer Funktionsweise, sondern auch beim Brennstoff.
- Damit sich an Bord Wohlbefinden einstellt, sollte die Heizungsvariante zu der Art deines Roadtrips passen.
- Denke bei der Navigation an die Ausmaße deines WoMos.

 Life Hack

Nachts kann es im Camper kalt werden. Kein Grund die Heizung voll laufen lassen zu müssen. Eine gute Decke und eine Mütze am Kopf wirken Wunder. So lässt es sich auch bei Temperaturen unter 15°C herrlich schlafen.

Firmware-Update

 Die Welt dreht sich. Aktuelle Gesetzesänderungen und neue Links aus diesem Kapitel findest du unter:

www.how-to-womo.de/kapitel-3

Grundausstattung

✓ Bad

- ○ kleine Handtücher
- ○ Badetücher
- ○ Seife
- ○ Zahnbürsten
- ○ Zahnpasta
- ○ Duschgel
- ○ Shampoo
- ○ Badeschlappen für Nassbereich
- ○ Sanitärflüssigkeit oder -tabs
- ○ Toilettenpapier
- ○ Desinfektionsspray
- ○ Waschmittel
- ○ Sonnencreme
- ○ Mückenspray
- ○ Reiseapotheke

✓ Küche

- ○ Geschirr (Teller groß, Teller klein, Schale)
- ○ Tassen
- ○ Trinkbecher
- ○ Weingläser
- ○ Korkenzieher
- ○ Besteck
- ○ Schöpfer
- ○ Kochlöffel
- ○ Küchenmesser
- ○ Schneidebrett
- ○ Feuerzeug
- ○ Pfannenwender
- ○ Suppenkelle
- ○ Wasserkessel
- ○ Pfanne
- ○ Topf
- ○ Sieb
- ○ Küchenrolle
- ○ Müllbeutel
- ○ Spülschwamm
- ○ Mikrofasertücher
- ○ Spülmittel
- ○ Geschirrtücher

☑ Wasserinstallation

- ○ Wasser füllen; während der Füllung kontrollieren, dass nirgends Wasser entweicht
- ○ Wassertank-Überlauf kontrollieren
- ○ Anzeigen für Wasserstände testen
- ○ Alle Hähne (Wasserpumpe) ausprobieren
- ○ Warmwasserboiler ausprobieren
- ○ Wasser über die Waschbecken in den Grauwassertank laufen lassen
- ○ Toilettenspülung testen
- ○ Grauwasser-Ablassventil testen
- ○ Wasser ablassen, Ablassventile (Tank/Leitungen/Boiler) testen - auch auf Fahrstellung testen (ca. 20l Wasser verbleiben im Tank)

☑ Sonstiges

- ○ Gewicht
- ○ Fahrzeugschein/-brief
- ○ Optionale Vereinbarungen (zusätzliche Steckdosen prüfen, Anbauten (wie TV-Halterung/iPad-Halterung, Rückfahrkamerasysteme etc.)
- ○ Beklebungen

Elektronik

- ○ Zentrales Steuerelement besprechen und zeigen lassen
- ○ Alle Anzeigen testen (Batterieladestand usw.)
- ○ Sicherungskasten ansehen
- ○ Hauptschalter testen
- ○ Alle Lampen testen
- ○ Kühlschrank testen (Strom/Gas)
- ○ Steckdosen (12V/230V) checken
- ○ Zweite Batterie
- ○ TV-Anlage testen
- ○ Wechselrichter prüfen
- ○ Solaranlage (Panel, Poster, Laderegler) kontrollieren
- ○ Steckdose für Landstrom prüfen

Gas/Diesel

- ○ Gasflasche anschließen
- ○ Alle Herdflammen testen
- ○ Heizung testen
- ○ Überprüfen, ob alle Warmluftauslässe funktionieren
- ○ Warmluftleitungen kontrollieren (wo zugänglich)
- ○ Heizkörper prüfen
- ○ Warmwasserboiler testen
- ○ Beheizten Abwassertank prüfen

☑ Möbel

- ○ Alle Oberflächen (Kästchen, Tisch, Küchenarbeitsplatte, Boden) überprüfen (Kratzer, Blasen, usw.); dabei auch nicht den Ausziehtisch vergessen
- ○ Alle Kanten auf Schäden kontrollieren
- ○ Alle Türen und Schubladen mehrmals auf- und zumachen
- ○ Türscharniere kontrollieren: Sitzen alle fest? Wurde irgendwo eine Schraube schief hineingewürgt?
- ○ Alle Fenster mehrmals auf- und zumachen. Ist alles leichtgängig, schließen die Fenster bündig?
- ○ Alle Hekis/Dachluken mehrmals auf- und zumachen
- ○ Alle Verdunkelungen testen (Fenster, Luken, Fahrerhaus)
- ○ Hubbett-Mechanismen testen
- ○ Fliegenschutzgitter (Fenster, Luken, Schiebetür) testen: Schließt es komplett? Ist es leichtgängig?
- ○ Anhand deiner Checkliste überprüfen, ob alle bestellten Aufpreispositionen im Aufbau vorhanden sind
- ○ Sonstige Zusatzausstattung testen (z. B. Zuziehhilfe)
- ○ Außenklappen öffnen und schließen: Heckgarage/Hecktür, Gasfach, Toilettenkasten
- ○ Die Markise einmal ausrollen und auch die Markisenbeine testen
- ○ Alle vom Händler vorgenommenen Einbauten zeigen und erklären lassen

Wohnmobil-Übernahme

 Basisfahrzeug und Fahrzeugtechnik
- ○ Alle bestellten Optionen vorhanden?
  (Anhängerkupplung, Automatik, Radio ...)
- ○ Entertainmentsystem prüfen
- ○ Kartenmaterial bei Navigation checken
- ○ Park-Distance-Control prüfen
- ○ Rückfahrkamera testen
- ○ Klimaanlage checken (laufender Motor erforderlich)
- ○ Zentralverriegelung
- ○ Elektrische Fensterheber
- ○ Elektrische Außenspiegel kontrollieren
- ○ Alarmanlage prüfen
- ○ Flüssigkeiten (Wischwasser, Öl, Bremsflüssigkeit,
  Frostschutz) kontrollieren
- ○ Beleuchtung kontrollieren
- ○ Reserverad bzw. Notfallkit checken
- ○ Verbandskasten, Warndreieck und Warnwesten
  checken (wenn von Händler zur Verfügung gestellt –
  Achtung: nicht die Regel)
- ○ Kontrollieren, ob Anbauteile (Radträger, Dachträger)
  sauber und gerade montiert sind
- ○ Fahrzeugpapiere (Fahrzeugschein/Fahrzeugbrief)
  auf Fahrzeugdaten kontrollieren (Hersteller, Gewicht,
  Motor, Felgen ...)

10-Punkte Abfahrt-Check

 Abfahrt-Check Wohnmobil
- ○ Strom abstecken
- ○ Auffahrkeile beachten
- ○ Antennen & Co. abmontieren
  bzw. in Fahrtstellung bringen
- ○ Fenster verriegeln
- ○ Gas abdrehen
- ○ Schubladen & Türen verriegeln

 Fahrzeug-Check
- ○ Inspektionen, TÜV, Gasprüfung & Co.
- ○ Füllstände Flüssigkeiten prüfen
- ○ Reifen kontrollieren
- ○ Licht-Check

Camping

- ○ Gasflasche(n)
- ○ Steckerschutz
- ○ Stromkabel
- ○ 2x Adapterkabel (CEE)
- ○ Auffahrkeile/AIR-LIFT
- ○ Faltkanister 12l
  oder Gießkanne
- ○ Wasserschlauch
- ○ Wasserstop
- ○ Wasser-Adapter-Set
- ○ Durchlaufzähler
- ○ Gummihandschuhe
- ○ Trinkwasserent-
  keimung
- ○ Kehrschaufel und
  Besen

- ○ Seil, Wäscheleine
- ○ Markisen-Abspannset
- ○ Erdnägel
- ○ Warnleuchte
- ○ Feuerlöscher
- ○ Multitool
- ○ Klebeband
- ○ Schraubendreher
- ○ Bit-Satz
- ○ Ersatzglühbirnen
- ○ Eimer
- ○ Klapptisch
- ○ Campingstühle
- ○ Fußabtreter
- ○ Bettdecken

WoMo winterfest machen

 Fahrzeug allgemein
- ○ Außenreinigung (inkl. Unterboden und Markise)
- ○ Innenreinigung (inkl. Kühlschrank)

 Wasser muss raus
- ○ Frischwassertank leeren
- ○ Boiler leeren
- ○ Abwassertank leeren
- ○ Leitungen leeren (evtl. auch Zulauf Toilette)
- ○ Pumpe trockenlegen
- ○ Siphons entleeren

 Sonstiges
- ○ Gas abdrehen (Flasche und Hauptschalter)
- ○ Lebensmittel ausräumen (auch Getränke – Frostgefahr!)
- ○ Schränke offen lassen (Luftzirkulation)
- ○ Kissen und Polster aufstellen (Luftzirkulation)
- ○ Evtl. Luftdruck der Reifen etwas erhöhen
- ○ Hauptschalter auf »Aus«
- ○ Batterie abklemmen und überwachen

4

ZUBEHÖR
FÜRS WOMO

Eine mobile Küche ist gut – eine mobile Küche mit Pfanne, Topf und Suppenkelle ist besser! Ohne die wichtigsten Utensilien lässt sich kaum ein vollwertiges Gericht auf den hoffentlich vorhandenen Teller zaubern. Damit das Leben im WoMo Spaß macht, brauchst du einiges an Grundaus-

stattung, bei Weitem nicht nur für die Küche: einen Adapter hier, einen Haken mit Saugnapf da, diese Aufbewahrungsbox oder jenen Klappstuhl und so weiter und so fort.

Die Liste an mehr oder weniger sinnvollem WoMo-Zubehör ist theoretisch unendlich und hängt sehr vom individuellen Bedarf ab. Einige Klassiker, die sich praktisch jeder WoMo-Freund irgendwann zulegt, möchte ich dir hier kurz vorstellen. Die meisten dieser Anschaffungen sind einmalig und werden zu deinem ständigen Begleiter.

Um allzeit griffbereit zu sein, braucht jeder dieser Gegenstände seinen festen Platz im Camper. Das erleichtert dir nicht nur das Packen, sondern macht es dir auch einfacher, den Überblick zu behalten.

Teilweise muss dein WoMo-Zubehör auch ständig erneuert oder ausgetauscht werden. Ein Routinecheck vor Reiseantritt bewahrt dich vor unliebsamen Überraschungen.

GRUNDAUSSTATTUNG

Unter der Grundausstattung verstehe ich Equipment, das immer mit von der Partie sein sollte, wenn du dich mit dem WoMo auf den Weg machst.

Für das Fahrzeug

Je nach Zielort und Reiseroute wird dein Wohnmobil das eine oder andere Extra benötigen. Verfügt es beispielsweise über kein selbstnivellierendes Fahrwerk oder Stützen, bringen keilförmige Auffahrrampen dein WoMo in die Waage.

Je nach Gewicht deines Campers bietet der Fachhandel dafür unterschiedliche Varianten. Entweder fährst du deinen Camper vorsichtig auf die verbreiteten Keile, oder du entscheidest dich für die vergleichsweise neuen Luftkissen. Bei diesem System schlägt im Vergleich ein deutlich höherer Preis zu Buche. Dafür lässt sich die Höhe viel flexibler einstellen, es ist einfach zu bedienen und braucht kaum Platz.

Stauraum bzw. Gewicht spielt auch bei den notwendigen Flüssigkeiten eine Rolle, die in der Heckgarage mitfahren. Wichtig sind hier neben frostsicherem Scheibenreinigungsmittel auch gegebenenfalls ein kleiner Kanister AdBlue zur Schadstoffreduktion sowie eine Flasche des richtigen Motoröls zum Nachfüllen. (Hierzu informiere dich bitte bei deinem Fachhändler.)

Auch ein kleines Werkzeugset mit Schraubendreher, den wichtigsten zu deinem Fahrzeug passenden Aufsätzen (meist Torx-Bits) sowie eine Zange dürfen an Bord nicht fehlen. Für kleinere Reparaturen machen sich eine Rolle Gaffer-Tape, das altbewährte Silikonspray WD40, ein ordentliches Taschenmesser und Kabelbinder richtig gut im WoMo. Je nach Einsatz wirst du damit schnell zum Helden deiner Crew oder des gesamten Campingplatzes.

Im Winter bist du auf der Straße mit Schneeketten bestmöglich ausgerüstet. Das Fahrzeuggewicht schränkt die Auswahl jedoch deutlich ein. Nicht jede Schneekette verfügt über die nötige Tragkraft, um für dein WoMo geeignet zu sein. Eventuell musst du dich sogar beim LKW-Zubehör umschauen. Drei verschiedene Arten von Schneeketten stehen zur Auswahl: Seilketten sind preiswert, oft aber schwierig in der Montage. Ringketten lassen sich deutlich einfacher spannen, sind aber gleichzeitig auch etwas teurer. Die praktischen Schnellmontageketten machen ihrem Namen alle Ehre: Zwar musst du dafür richtig tief in die Tasche greifen, was sich aber letztlich bei schlechten Wetterbedingungen in unwegsamem Gelände auszahlen wird.

Tipp

Mit 3,5 Tonnen Gewicht und Frontantrieb kann sich die Abfahrt schwierig gestalten, wenn der nächtliche Sommerregen deinen Stellplatz in eine glitschige Rutschbahn verwandelt.

In solchen Situationen haben mir Schneeketten immer wieder aus dem Schlamassel geholfen – den Weg zum nächsten Landwirt und die peinliche gemeinsame Bergungsaktion konnte ich mir sparen.

Sicherheit

Es mag dich vielleicht überraschen: Zu allererst musst du dich um dein Warndreieck und den Verbandskasten kümmern. Viele Händler und Vermieter sehen es als Service an, deinen Wagen vorab damit auszustatten – zum Standardlieferumfang gehören diese aber leider nicht. Ähnlich verhält es sich mit Warnwesten und Warnleuchten, die bei einer möglichen Panne für gute Sichtbarkeit sorgen und andere Verkehrsteilnehmer auf Abstand halten. Ergänzend zum Verbandskasten gehört eine Reiseapotheke in jedes WoMo.

Dein individueller Bedarf und deine Reiseziele sind hier bedenkenswerte Faktoren.

Für Reisen in Europa gilt es, sich folgendermaßen gegen Krankheiten zu rüsten: Medikamente und Mittel gegen Erkältung, allgemeine Schmerzen und Fieber sind fast schon selbstredend. Zudem solltest du unbedingt auf Durchfall und Verstopfung vorbereitet sein, denn auch wenn du deine eigene Toilette immer dabeihast, können diese lästigen Beschwerden den schönsten Roadtrip verderben. Ein kühlendes Gel zur Linderung von Verbrennungen und Insektenstichen sollte ebenso wenig fehlen wie ein handliches Antiseptikum, damit sich leichte Schnitt- oder Schürfwunden nicht entzünden.

Für Sicherheit im WoMo sorgen bedeutet auch, für Notfälle gerüstet zu sein. Mit dem Feuerlöscher kannst du das ganze Fahrzeug vor dem Abbrennen bewahren oder gar – sollte es zum Äußersten kommen, Leben retten.

Feuerlöscher gibt es mit unterschiedlichen Löschmitteln. Dabei spielt zum einen die Brandschutzklasse eine Rolle, zum anderen aber auch die Rückstände, die nach dem Löschen am Brandort zurückbleiben. Ein Pulverlöscher beispielsweise hinterlässt relativ viele Spuren. Im ungünstigen Fall kann das dazu führen, dass ein Motor nicht mehr läuft oder die Inneneinrichtung eines Wohnmobils unbrauchbar wird. Ein Schaumlöscher hinterlässt weniger Rückstände, ist aber anfällig für Frost, da er auf Wasser basiert. Gerade beim Wintercamping ist ein frostsicherer Schaumlöscher die erste Wahl. Beachte außerdem die Wartungsintervalle deines Feuerlöschers: Dauerdruck- oder Aufladelöscher müssen regelmäßig alle zwei Jahre zum Service.

Feuerlöschertypen und ihre Eigenschaften

	Pulver	Schaum	Fettbrand-löscher	Wasser	CO2-Löscher
Zielgerichtetes Löschen	🙂	🙂🙂	🙂🙂	🙂	🙁
Verschmutzung	🙁	🙂	🙂	🙁	🙂🙂
Löscheigenschaft für Motorraum	🙂	🙂	🙂🙂	🙁	🙂🙂
Löscheigenschaft für Küche	🙁	🙂	🙂🙂	🙁	🙂🙂
Umweltverträglich	😐	🙂	🙂	🙂🙂	🙂🙂
Einfacher Umgang	🙂	🙂	🙂	🙂	🙁🙁
Geeignet für Brandklasse	A,B,C	A,B	A,B,F	A	B

Tipp

In Deutschland ist das Mitführen eines Feuerlöschers nicht verpflichtend, in anderen Ländern wie zum Beispiel Belgien ist es vorgeschrieben. Eine aktuelle Übersicht hierzu gibt es auf der Webseite **www.how-to-womo.de/kapitel-4.**

Wasser

Ebenso sensibel wie du mit Wasser im Camper umgehst, ist auch das Zubehör zum Nachfüllen des Frischwassers zu behandeln. Nicht immer, aber meistens stehen an den Ver- und Entsorgungsstellen Schläuche für die Frischwasserversorgung zur Verfügung. Da du aber nie weißt, was andere Leute vor dir mit diesen Schläuchen gereinigt und angestellt haben, empfehle ich dir, immer deinen eigenen Schlauch zu verwenden. Neben den üblichen Gartenschläuchen aus dem Baumarkt gibt es im Fachhandel auch spezielle Trinkwasserschläuche, garantiert ohne Weichmacher und somit nicht gesundheitsschädlich. Bezüglich der Länge schlage ich einen zehn Meter langen Schlauch vor, den du in der Mitte halbierst. Mit zwei mal fünf Metern und entsprechenden Kupplungen solltest du auf jedem Platz erfolgreich an deine Frischwasserquelle gelangen. Auf diese Weise bleibst du flexibel, ohne dass dein Schlauch unnötig am Boden herumliegt, wo er verdrecken könnte.

Nicht jeder Schlauch ist mit jeder Quelle kompatibel. Im Handel bekommst du eine breite Auswahl an Adaptersets, mit denen du zukünftig problemlos Anschluss an praktisch jedem Wasserhahn bekommst – vollkommen egal, mit welchem Gewinde er dich herausfordert. In meinem Adapterset finden sich Verbinder für Vier- und Sechs-Zoll-Gewinde sowie eine universelle Gummimanschette, die flexibel zwischen 19 und 29 mm einstellbar ist.

Solltest du doch einmal mit deinem Schlauch keinen Erfolg haben, weil die Entfernung zu groß ist oder weil einfach kein Adapter passen möchte, dann bewährt sich eine

Gießkanne oder ein Kanister. Am Ende ist das nicht ganz so komfortabel, aber zumindest bekommst du damit deinen Tank wieder voll, und ein bisschen körperliche Betätigung hat ja noch niemandem geschadet.

Mehr dazu in Kapitel 3, »Die Wasserversorgung im mobilen Apartment« ab Seite 92.

Strom

Nachdem du am Stell- oder Campingplatz angekommen bist und deine Wasservorräte aufgefüllt sind, begibst du dich zu deinem Platz und verbindest dich mit dem Landstrom. Mit Kabel und Adapter bist du darauf bestens vorbereitet.

Auf Campingplätzen wird europaweit an den allermeisten Stromsäulen ein Kabel mit blauem, dreipoligem CEE-Anschluss verwendet. Für die wenigen Ausnahmen (z. B. Uraltzeltplätze, Garagenstellplätze oder erweiterte Bauernhöfe) gibt es Adapter auf die bekannten Schukostecker, die man von zu Hause kennt.

Nach DIN VDE 100-721 darf dein Kabel auf dem Campingplatz nicht länger als 25 Meter sein. Mit einem solchen Kabel bist du immer auf der sicheren Seite, die Stromquelle zu erreichen, wobei so viel Kabel nicht nur Platz im Camper beansprucht, sondern auch relativ viel Gewicht auf die Waage bringt. Zum Schutz vor Überhitzung muss man das Kabel komplett abwickeln – und daher auch komplett säubern, bevor es weitergeht.

— Aus Markus' Erfahrung —

Seit einiger Zeit habe ich auf zwei Zehnmeterkabel umgestellt. Reicht ein Kabel aus, um meinen Camper mit dem Landstrom zu verbinden, so muss ich beim Einpacken nur die halbe Länge säubern und einrollen. Außerdem kann ich je nach Bedarf auf eines der Kabel verzichten und somit Raum und Gewicht einsparen.

ESSEN & TRINKEN

Porzellantassen und Kristallgläser im WoMo-Schrank – was würde davon nach ein paar Kurven, Erschütterungen und Vollbremsungen übrig bleiben? Um es vorwegzunehmen: Mit der richtigen Transportlösung werden beide Kandidaten unbeschadet deinen Urlaub überstehen.

Los geht es aber mit den robusteren Alternativen für Campingzwecke, die sich nicht nur dank ihrer Stabilität, sondern vor allem auch wegen ihres geringen Gewichts fürs Wohnmobil eignen, wie zum Beispiel das schon genannte »Omnia« (siehe Seite 105). An Töpfen und Pfannen aus Aluminium kommst du kaum vorbei – sie sind leicht, dennoch macht ihnen die Gasflamme nicht zu schaffen.

Richtig praktisch wird Geschirr und Co. aber erst, wenn man es leicht und platzsparend stapeln und verstauen kann, denn der verfügbare Stauraum ist nun einmal ein limitierender Faktor. Im Handel gibt es eine wachsende Auswahl an faltbarem Kochgeschirr aus Silikon und Edelstahl, das den Platzbedarf auf ein Minimum reduziert, darunter Töpfe und sogar Wasserkocher. Eine flache Abgießhilfe ersetzt dein altbekanntes Nudelsieb, wenn du nicht auch hier zum faltbaren Exemplar aus Silikon greifst.

Als Standardmaterial beim Campinggeschirr ist Melamin (oder Bambusmelamin) weit verbreitet. Teller, Schüsseln und Becher aus Melamin sind äußerst bruchsicher und leicht. Leider birgt es auch einige Nachteile: Erstens verbreitet das Material ein wenig das Flair von Kindergeburtstag oder Fast-Food-Restaurant. Zweitens kann es bei Temperaturen über 70°C Schadstoffe abgeben – heiße Suppen, Tees oder Kaffee wollen mit diesem Wissen nicht mehr so recht schmecken. Drittens ist Melamin, anders als es so mancher Hersteller mit seinem Bambusgeschirr suggeriert, alles andere als biologisch abbaubar.

Jetzt fragst du dich vielleicht: Nimmt Markus wirklich Porzellan mit in den Van? Jein. Für Campingzwecke eignet sich ganz hervorragend auch Geschirr aus laminiertem Hartglas. Dafür werden in einem speziellen Herstellungsverfahren mehrere Glasschichten unter großer Hitze zu Tellern oder Schalen gepresst. Das Ergebnis fühlt sich an wie Porzellan, ist aber etwas leichter und deutlich bruchbeständiger. Heiße Temperaturen oder gar Mikrowellen können dem Material so schnell nichts anhaben.

Leider lässt laminiertes Glas die Form einer Tasse nicht zu. So bleiben (neben dem bereits disqualifizierten Melamin) die Optionen Emaille oder Porzellan. Emaille ist der

Klassiker und auf jedem zweiten Instagram-Vanlife-Foto zu sehen. Da es aber sehr gut Wärme leitet, muss man lange warten, bis man sich nicht mehr die »Batscherl« und die Lippen verbrennt. Lässt sich die Tasse dann endlich anfassen, ist der Kaffee auch schon bald wieder kalt. Meine Mama sagt zwar immer: »Kalter Kaffee macht schön« – ich genieße ihn trotzdem lieber warm und behalte im Camper meine Porzellantassen.

Womit wir auch schon beim nächsten Thema wären: alles sicher verstauen. Als ultimatives Zubehör im Wohnmobil zählt für mich alles, was einen sicheren Transport und klapperfreies Reisen garantiert. Für jede Art von Gegenstand bietet der Fachhandel die passende Lösung – zum Beispiel ausgeformte Schaumstoffe mit Vertiefungen, die exakt zu handelsüblichen Gläsern oder den eben angesprochenen Porzellantassen passen. Den Schaumstoff kannst du ganz einfach auf die Größe deines Schranks zuschneiden.

Für Teller und Schüsseln findest du im Handel rutschfeste Matten und flexible Halterungen, die du individuell an die Möbel deines Campers anpassen kannst. Mit einem Geschirrtuch oder Filz zwischen den Tellern wird die Unterhaltung bei normaler Fahrt im Camper wieder erträglich – und falls nicht, liegt es zumindest nicht mehr an der Geräuschkulisse.

Besteck gehört genauso dazu wie zu Hause: Kochlöffel, Schöpfer, ein gutes Messer und so weiter – je nachdem, welche Rezepte du im Repertoire hast.

Über Trinkgefäße könnte ich stundenlang philosophieren. Egal ob Cola, Saft, Milch, Bier, Wein, Whisky oder einfach nur ein frisches Wasser, jeder hat hier seine eigenen Vorlieben. Standard für die meisten Getränke ist der praktische und vor allem leichte Plastikbecher in allen erdenklichen Ausführungen.

Da gibt es nur einen Haken: Bevor ich an einem Weinberg in der Toskana einen schönen lokalen Rotwein aus einem Plastikbecher trinke, steige ich lieber auf »Acqua senza gas« um. Von dem Erlebnis, einen kühlen Gin Tonic aus einem echten Glas zu trinken, möchte ich gar nicht erst anfangen. Jeder empfindet hier anders und das ist auch völlig okay so. Sollte es dir aber gehen wie mir, dann habe ich einen Tipp: Einige Hersteller bieten diverse Glassorten mit Magneten am Glasboden an. Mit diesem Trick kannst du sogar hochwertige Kristallgläser per Magnetleiste oben in deinen Geschirrschrank hängen. Das sorgt nicht nur für mehr Packvolumen, weil man den Schrank jetzt von unten und oben bestücken kann, sondern bewirkt auch, dass das Echtglas selbst bei einer Vollbremsung mit 120 km/h nicht durch deinen Schrank fliegt und zerbricht.

Tipp

Die Oberflächen von Plastikbechern sind äußerst empfindlich. Durch häufiges Stapeln oder Reinigen mit Glitzi-Schwämmchen verkratzen sie sehr leicht und werden milchig. Daher am besten nur mit weichen Tüchern spülen.

HYGIENE

Welche Zahncreme und welches Duschgel in dein WoMo gehören, weißt du selber am besten – dafür brauchst du kein Buch. Das mobile Leben erfordert jedoch einiges an Hygienezubehör, woran du eventuell nicht direkt denkst. Gerade Basics wie Mülltüten, Geschirrtuch, Lappen, Schwamm und Spülmittel werden auf der ersten Tour oft vergessen und dann schmerzlich vermisst. Das Wohnmobil dauerhaft damit auszustatten und vor Reiseantritt durchzugehen, ob noch alles vorhanden ist, gehört für alle WoMo-Menschen dazu.

Neben Seife und Handtüchern, die als Grundausstattung immer parat liegen sollten, erweisen sich unterschiedliche Haken für Diverses als nützliche Begleiter. Ein Handtuch mitnehmen ist das eine, trocknen das andere. Erfahrungsgemäß sieht es mit Haken und Aufhängungen insgesamt eher mau aus. Es kann daher nicht schaden, wenn du dich vor der ersten Fahrt mit einigen Haken zum Kleben oder Saugen sowie magnetischen Helfern eindeckst, um sie unterwegs zu erproben.

Auch in der Sanitärzelle gibt es Zubehör, das stets an Bord sein sollte, zum Beispiel Toilettenpapier. Das wäre nicht weiter erwähnenswert, gäbe es nicht auch hier etwas zu beachten. Das Entleeren einer Chemietoilette kann zur Tortur werden, wenn sie mit vierlagigem Luxuspapier verstopft ist. Solches Papier löst sich nur extrem langsam auf. Für Campingklos gibt es spezielles Toilettenpapier – aber unter uns: Ein preiswertes Zweilagiges zersetzt sich ähnlich schnell, auch wenn ich das ehrlich gesagt nicht wissenschaftlich belegen kann. Probiere es einfach selber einmal aus.

Der Sanitärzusatz ist bei Chemietoiletten das A und O. Ohne wird die Reise schnell zu einer Härteprobe für deine Nase. Zudem beschleunigt der Zusatz das Zersetzen der Fäkalien, was dir wiederum bei der Entsorgung hilft.

Anders als bei der Toilette zu Hause würde ich dir von einer WoMo-Klobürste abraten. Warum? Ganz einfach – sie ist hygienisch nicht gut in den Griff zu bekommen. Die Toilettenspülung im Camper lässt sich keineswegs mit der zu Hause vergleichen, der Wasserdruck ist deutlich schwächer und eine Reinigung somit schwieriger. Zudem sammelt sich im Auffangbehälter der Klobürste unweigerlich Restwasser, das auf einer holprigen Schotterpiste herausschwappen kann. Was du dann beim Betreten der Toilette erlebst, wenn du zum Beispiel mehrere Stunden lang in der direkten Sonne auf die Fähre warten musst, kannst du dir vorstellen.

Die Bürste solltest du dir also sparen. Um dennoch unliebsame Spuren zu beseitigen (sorry für das Kopfkino), kannst du sogenannte WC-Einlagen verwenden. Es handelt sich dabei um ein kreisrundes Stück Papier, das man mittig in die Toilette legt. Nach abgehaltener Sitzung wird es einfach mit allem Drum und Dran heruntergespült und es bleiben keine Rückstände. In der Kassette löst sich die WC-Einlage extrem schnell auf, und du hast auch bei der Entsorgung keine Probleme damit.

Ständige Wegbegleiter auf Roadtrips sind Sand und Dreck. Hier kann man sich mit einfachen Mitteln behelfen. Für Touren ans Meer rate ich dir zu einem Vorzelt- oder

Markisenteppich. Das mag spießig klingen, sorgt aber wirklich dafür, dass deutlich weniger Sand in den Camper geschleppt wird. Zugegeben – komplett verschont bleibst du damit nicht, daher gehören ein kleiner Besen oder Handfeger und Kehrschaufel immer zum Topzubehör im Camper. Damit bleibst du wenigstens weitgehend von Sand im Bett verschont.

SCHLAFEN UND CHILLEN

Das eigene Bett immer dabei – was gibt es Besseres? Komischerweise bietet die WoMo-Literatur bisher relativ wenig zum Thema Schlafen, obwohl man Ruhe und Erholung auf einem langen Roadtrip kaum überbewerten kann. Damit dein mobiles Bett auch wirklich zum Vergnügen beiträgt, bedarf es womöglich der einen oder anderen Feinjustierung.

Jedes Wohnmobil verfügt über mindestens ein Bett. Anders als im Möbelgeschäft kann man bei einem Camper aber in der Regel keinen Einfluss auf Lattenrost und Matratze nehmen. Du gehörst zu der »Ich-kann-überall-schlafen«-Fraktion? Dann bist du wirklich gesegnet. Aber selbst wenn nicht: Im Zubehörsortiment gibt es einige kleine Helfer, die dir deine Nachtruhe versüßen.

Wenn du mit deiner Matratze nicht komplett glücklich bist, heißt das nicht, dass du unbedingt eine neue brauchst. Dies könnte schnell sehr teuer werden, weil du in den meisten Wohnmobilen keine Matratze mit Standardmaßen findest. Da alles dem Grundriss und dem flexiblen Laderaum angepasst ist, kommen in WoMos Spezialanfertigungen mit Unterteilungen und Sonderformen zum Einsatz.

Sollte dir die vorhandene Matratze nicht zusagen, kannst du dir mit einem Topper behelfen – das ist eine dünne Zusatzmatratze, die einfach oben auf die WoMo-Matratze aufgelegt wird. So erreichst du ohne viel Aufwand genau den Härtegrad und den Schlafkomfort, den du dir wünschst.

Die schönste Bequemlichkeit hilft nichts, wenn in der Nähe ein Baby schreit, ein Hund bellt oder einfach nur geredet wird. Bedenke, dass die Dämmung der Wände und Fenster eines Campers nicht der eines Hauses entspricht. Damit verhält sich auch der Schall anders, Geräusche von außen sind im Wohnmobil deutlicher zu vernehmen. Falls du lärmempfindlich bist, gehört eine Packung Ohropax unbedingt zur Grundausstattung.

— Aus Markus' Erfahrung —

Geräusche am Waldrand empfinde ich als sehr angenehm. Regen, der auf mein WoMo-Dach prasselt, wirkt auf mich beruhigend. Stehe ich dagegen einmal auf einem Stellplatz in der Stadt oder an einer Straße, dann stört mich die Geräuschkulisse schnell beim Einschlafen. Ich lenke mich davon immer mit entspannender Musik oder Hörspielen ab. Schlafe ich alleine im Camper, lasse ich sie einfach laufen. Ist die Familie mit an Bord, verwende ich Kopfhörer. Damit kann ich dann selbst eine nahe gelegene Autobahn getrost ausblenden. Gute Nacht.

DRUM UND DRAN

Nicht nur im Wohnmobil kommt praktisches Zubehör zum Einsatz, sondern auch im Außenbereich vor der Tür. Am sonnigen Stellplatz angekommen, werden zuallererst Tisch und Stühle aus dem Kofferraum geholt, die Markise ausgefahren und vielleicht sogar schon der Grill angeheizt. Für viele ist genau das die Quintessenz von Camping – damit beginnt der Campingurlaub.

Mobiliar

Die Auswahl der passenden Möbel ist nicht zu unterschätzen. Einerseits sollen sie leicht sein und in der Heckgarage nicht zu viel Platz beanspruchen, andererseits möchte man auch an langen Abenden bequem sitzen – gern auch an einem stabilen Tisch für ordentliche Mahlzeiten. Der Markt bietet ebenso viele unterschiedliche Modelle, wie es unterschiedliche Bedürfnisse gibt. Überlege dir bei der Anschaffung zunächst, wie viel Platz dir die Möbel wert sind und für welchen Zweck du sie benötigst – nur für eine kurze Verweildauer beim Essen, oder sollen es lange Spieleabende mit der Familie werden? Brauchst du den Stuhl in erster Linie zum Sitzen, oder möchtest du ihn auch als Liege für ein entspanntes Sonnenbad nutzen? Sobald du diese Fragen für dich geklärt hast, heißt es testen, testen, testen. Es gibt kein richtig oder falsch. Am Ende muss ein Stuhl für dich bequem sein und zu deinen Reisen passen.

Willst du es etwas gemütlicher haben, in der Sonne liegen oder am Strand chillen, dann bieten sich aufblasbare

Möbel an. Hast du einmal den Dreh mit der Luftbefüllung raus, machst du dich auch nicht zum Gespött der anderen, sondern erntest neidische Blicke. Größter Vorteil dieser Leichtgewichte: Sie lassen sich perfekt verstauen. Eine Hängematte erfüllt diese Eigenschaften ebenso und passt deutlich besser in das Bild eines Vanlifers – aber ohne Aufhängung kein Abhängen.

— Aus Markus' Erfahrung —

Auch nach langem Suchen und Ausprobieren verschiedener Stühle und Tische habe ich keine »eierlegende Wollmilchsau« gefunden und mich stattdessen für eine Kombination entschieden. Da ich oft freistehe, kommt es für mich seltener in Frage, meine Möbel auszupacken. So habe ich mich für kleine, leichte Klappstühle entschieden, die für ein Abendessen und anschließendes Beisammensein absolut ausreichen. In allen anderen Situationen bin ich mit meinen Sesseln zum Aufblasen absolut happy.

Markise

Verfügt dein Wohnmobil über eine Markise? Dann empfiehlt es sich, auch über eine entsprechende Sturmverankerung nachzudenken. Markisen und starker Wind vertragen sich überhaupt nicht. Mit ihrer großen Fläche bietet die Markise einen idealen Angriffspunkt, sie wirkt dann wie ein Segel, kann sich, wenn es schlecht läuft, urplötzlich um das Fahrzeug wickeln. Dabei geht nicht nur die Markise kaputt, auch das WoMo kann verbeulen oder Kratzer im Lack abbekommen. Daher sollte deine Markise stets eingerollt sein, sobald du den Stellplatz verlässt.

Um eventuellen Schäden vorzubeugen, gibt es im Fachhandel spezielle Sturmverankerungen: Mit Hilfe von Abspanngurten und zur Bodenbeschaffenheit passenden Bodennägeln wird die Markise festgezurrt. Es ist kein Allheilmittel gegen jede Windstärke, aber verhilft auf alle Fälle zu mehr Stabilität.

Grill

Was deiner gemütlichen Sitzecke jetzt noch fehlt, ist nur noch der Grill für dein perfektes Steak. Und auch hier gehen die Meinungen stark auseinander – nicht nur beim Grillgut, sondern auch bei der Energiequelle. Was auch immer du bevorzugst, denke daran, dass auf vielen Campingplätzen in Europa das Grillen auf offenem Feuer oder Holzkohle verboten ist. Du möchtest dennoch nicht auf deinen eigenen Grill verzichten? Dann ist ein Gasgrill die beste Lösung, um deine Würstchen, Zucchini und vieles mehr zu brutzeln. Sollte nicht einmal ein Gasgrill erlaubt sein, bleibt immerhin noch die elektrische Variante, um sofort mit dem Grillen zu beginnen.

In jedem Fall lohnt es sich, auf dreierlei zu achten: Zum einen sollten Auf- und Abbau des Grills einfach vonstattengehen, zum anderen es wäre ideal, wenn sich das Packmaß in Grenzen hält. Schließlich wirst du dich darüber freuen, wenn der Grill sich leicht reinigen lässt – und auch dein Wohnmobil wird es dir danken. Denn mühsam vereinzelte Kohle- oder Fettreste aus den Ritzen deiner Heckgarage zu kratzen, macht dir vermutlich genauso wenig Spaß wie mir.

Aus Markus' Erfahrung

Ich freue mich immer wieder, dass ich mich für einen »Skotti« entschieden habe. Ein Barbecue mit zwanzig Gästen werde ich mit diesem Minigrill nicht meistern, das ist klar. Zur Not werden es einfach mehr Durchgänge und das Grillen wird zu einer schönen Zeremonie – auch fein!

Die Vorteile in diesem kleinen Wunderteil liegen auf der Hand: Ich kann den Grill in wenigen Minuten komplett zusammen- und wieder auseinanderbauen, sodass er in eine normale Tragetasche aus LKW-Plane passt, die auch noch vollständig dicht hält. So kann ich ihn sogar auf kleine Wanderungen oder Radtouren mitnehmen und nach der Benutzung ungesäubert wieder einpacken. Nach dem Ausflug wasche ich den Grill samt Tasche, und alles ist im Nu wieder sauber. Der Clou: Ich kann ihn entweder mit Gas, Holzkohle oder als Feuerschale verwenden. Nach den Würstchen gemütlich am Lagerfeuer sitzen – wem geht da nicht das Herz auf?

TIPP ZUM ZUBEHÖR

Camping erlebt derzeit einen regelrechten Boom. So ist es auch nicht verwunderlich, dass unfassbar viel Camping- und Outdoorzubehör angeboten wird. Dabei ist nicht alles, was als unverzichtbar offeriert wird, tatsächlich für deine Reise sinnvoll. Lass dich von mir und den vielen anderen Empfehlungen nicht zu sehr beeinflussen. Dein Zubehör muss nicht von der ersten Ausfahrt an perfekt sein. Welche Artikel für dich die besten sind, wird sich erst im Laufe der Jahre herausstellen und sich mit deinen Erfahrungen entwickeln. Camping muss nicht, aber kann Verzicht bedeuten – das wirkt oft angenehm befreiend. Außer zum Beispiel, wenn es um die Bettdecke beim Wintercamping geht. Aber vielleicht bin ich da auch noch zu sehr Weichei.

Das Wichtigste nochmal zusammengefasst:

- Schneeketten helfen dir im Sommer aus aufgeweichten Wiesen heraus.
- Sind Warndreieck und Verbandskasten im WOMO vorhanden?
- Sicherungen schützen nicht nur Equipment, sondern helfen auch gegen Klappern und andere störende Geräusche.
- Sorge mit einfachen Mitteln für bestmöglichen Schlaf.
- Achte beim Zubehör auf das Gewicht, damit du Reserven für das übrige Gepäck gewinnst.
- Camping muss nicht, kann aber Verzicht bedeuten – das wirkt oft befreiend!

 **Life Hack**

Sanitärzusatz sollte biologisch abbaubar sein. Um ihn richtig zu dosieren, verwende ich passende Plastikfläschchen aus dem Laborbedarf. Diese halten absolut dicht und sind wiederverwendbar. Zudem kannst du sie in unterschiedlichen Größen besorgen, so dass sie genau zu deinem System passen – so wird die Dosierung auf dem Roadtrip zum Kinderspiel.

☀ Firmware-Update

 Die Welt dreht sich. Aktuelle Gesetzesänderungen und neue Links aus diesem Kapitel findest du unter:

www.how-to-womo.de/kapitel-4

5

DIE REISE-
PLANUNG

Vorfreude ist die schönste Freude – ein besseres Motto für
die Planungsphase gibt es nicht. Es begeistert mich immer
wieder, wie bereits in diesem ersten Reiseabschnitt ein kleines bisschen Roadtrip-Feeling aufkommt. So viele verschiedene Möglichkeiten und Fragen: Welche Route nehmen

wir? Wo wird übernachtet? Muss man Kosten für Maut oder Fährrouten einkalkulieren? Braucht man spezielle Versicherungen oder Reisedokumente? Diese Ausarbeitung im Detail gehört genauso dazu wie die letzte Nacht im heimischen Bett – und der Traum von der bevorstehenden Tour.

ROUTENPLANUNG

Bei einer Tour mit dem WoMo ist der Weg das Ziel. Selbst wenn du zu den Superspontanen zählst, die sich einfach treiben lassen und nicht alles vorab penibel planen, wirst du sicher eine grobe Richtung und eventuell sogar ein Ziel im Kopf haben.

Früher gehörte es zum Ritual der Routenplanung, die Straßenkarte auf dem Esstisch auszubreiten und sich von Ortsnamen inspirieren zu lassen. Als ADAC-Mitglied bekommst du teilweise sogar kostenloses Kartenmaterial, und auch den dicken Straßenatlas soll es nach wie vor geben. Das ist eine tolle Alternative – sofern du dich beim Zusammenfalten bzw. beim Hin-und-her-Blättern geschickter anstellst als ich.

Du merkst schon, ich bin diesbezüglich nicht der Papierfan. Zum einen ist mir das alles zu unhandlich und zu schwer für die Reise, zum anderen gibt es für Papierkarten keine automatischen Updates und sie veralten schnell – auch wenn man es beim Tempo des deutschen Straßenausbaus kaum glauben mag.

Was mich hingegen als Inspirationsquelle absolut abholt,

sind Bücher und Zeitschriften sowie Wohnmobilführer mit Routenbeschreibungen für alle möglichen Länder und Reiseformen. Mit Regenwetter vorm Fenster und solch einer Lektüre vor der Nase packt mich das Fernweh garantiert – und schon ist der erste Schritt zur Routenplanung getan.

Neben diesen Büchern sorgen auch digitale Helfer, Reportagen im Fernsehen oder Beiträge auf Travelblogs im Internet für neue Reiseideen. Sie liefern nicht nur wertvolle Informationen zu ganz speziellen Touren, sondern machen vor allem mit schönen Bildern Lust aufs Reisen mit dem WoMo. Gerade in den sozialen Medien gibt es immer mehr Personen und Gruppen, die gerne ihr Wissen und ihre Erfahrungen teilen – von spektakulären Fotos auf Instagram bis zu kompletten Tourvorschlägen, die du in Facebook-Gruppen findest. Beinahe für jeden Geschmack gibt es den perfekten Kanal, egal ob für Alleinreisende, Familien, Outdoorabenteurer oder Kulturreisende – alle kommen auf ihre Kosten. Ich zum Beispiel recherchiere gerne auf YouTube, um auf neue Reiseideen zu kommen oder spezielle Wunschregionen genauer unter die Lupe zu nehmen.

Nach diesen vielen Inspirationen wird dein Problem nicht mehr darin bestehen, ein mögliches Ziel zu finden, sondern dich für eines zu entscheiden.

Tipp

Eine Option, die du bei der Reiseplanung vielleicht nicht auf
dem Schirm hast, sind kommunale Tourismusverbände und
-büros. Du wirst erstaunt sein, wie viele der Mitarbeiter dich
dort hilfsbereit und kompetent unterstützen.

Routenplanung digital

Falls du dich – wie ich – für digitales Kartenmaterial entscheidest, wirst du als Erstes deine möglichen Routen und
Ziele auf Google Maps oder Apple Karten analysieren.
Zwischenstopps lassen sich ebenso in die Planung deiner
Tagesetappen integrieren wie eine zeitliche Vorhersage für
die Strecke. Mit solchen Hilfsmitteln wird es zum Kinderspiel, die verschiedenen Optionen gegenüberzustellen und
das Beste auszusuchen.

Alles kann, nichts muss. Die vorgeschlagenen Routen
sind das eine, die örtlichen Gegebenheiten das andere. Niemand wird es dir später ankreiden, wenn du dich nicht exakt an die geplante Route hältst. Eine vorläufig festgelegte
Strecke hilft dir aber, dir eventuelle Ausweichrouten vorzu-
stellen, etwa für den Fall eines Staus. Die Satellitenansicht
vermittelt dir zudem einen Eindruck, was dich am Zielort
und in dessen Nähe erwartet. Die erstellten Routen kannst
du dir abspeichern und, falls du unterwegs doch Papier bevorzugst, ausdrucken. Eine weitere Option ist, deine virtu-
elle Route online mit einem Kreis von Menschen zu teilen.
Das dürfte sowohl für deine Mitreisenden von Interesse sein

als auch für deine Liebsten, die nicht mit auf den Roadtrip kommen, aber zumindest wissen sollen, wo du unterwegs bist.

Wenn du die Routenvorschläge auch auf dein mobiles Gerät sendest, wird dein Handy oder Tablet zum Navigationsgerät, wie in Kapitel 3 beschrieben (*siehe Seite 113*).

Tipp

Wenn du unnötige Ausgaben vermeiden möchtest, lade dir das benötigte Onlinekartenmaterial vorab auf dein mobiles Endgerät herunter. Auf diese Weise sparst du nicht nur Datenvolumen, sondern kannst auch auf die Karten zugreifen, wenn dir einmal kein mobiles Internet zur Verfügung steht.

Immer der Sonne nach

Wer seinen Urlaub am liebsten in der Sonne verbringt, setzt unterwegs gern auf Flexibilität. Dasselbe gilt für Reisende, die auf bestimmte Wetterlagen angewiesen sind, beispielsweise Gleitschirmflieger wie ich. Solltest du ebenfalls zu denen gehören, die sich am Wetter orientieren, könnte sich auch deine Reiseplanung etwas intensiver gestalten. Bereits mehrere Tage im Voraus sind mögliche Routen und Zielpunkte zu sondieren. Alle vier Himmelsrichtungen kommen in Betracht. Ein bis zwei Tage vor der Abfahrt wird das Wetter gecheckt und dann (gegebenenfalls gemeinsam mit deiner Crew) entschieden, welche Tour gewinnt. Damit keine Arbeit umsonst war, kannst du die anderen Routen archivieren, zum Beispiel im Ordner »Alternativroute«, anstatt sie zu löschen. So ersparst du dir beim nächsten Anlauf etwas Arbeit, und keiner deiner Sehnsuchtsorte gerät in Vergessenheit.

Ist ein Ziel sehr weit entfernt, wirst du deine Tour in mehrere Etappen unterteilen. Wie lang du die einzelnen Abschnitte gestaltest, hängt dabei zum einen von den Begebenheiten der Straßen ab, aber auch von deinen Mitreisenden. Macht ihr euch zu zweit auf Achse? Dann könnt ihr euch beim Fahren eventuell abwechseln und damit viel längere Etappen schaffen. Mit Kindern wirst du eher kürzere Etappen abrollen und viele Pausen einplanen.

Eine empfehlenswerte Strategie ist, Streckenabschnitte an Sehenswürdigkeiten zu knüpfen. So haben große und kleine Reisende immer ein Ziel, auf das sie sich freuen und während der Fahrt vorbereiten können.

Auf dem Roadtrip selbst wirst du dich immer wieder erneut an die Planung machen. Sie ist also auch während der Reise ein stetiger Prozess. Keine Route soll in Stein gemeißelt sein. Abweichungen machen oft Sinn und im besten Fall richtig Spaß.

So widersprüchlich es klingen mag: Ohne einige feste Planungen im Vorfeld kommt auch die angestrebte Freiheit nicht aus. Ich selber liebe es, zuvor nicht alles fix zu definieren und zu bestimmen, sondern mich auf Touren den spontanen Gegebenheiten hinzugeben. Örtliche Regeln und Gesetze können diese Freiheit aber schnell einschränken und die Quartiersuche zum Stress ausarten lassen. Aus diesem

Grund ist zumindest eine ungefähre Kenntnis der Möglichkeiten eine enorme Wohltat.

— Aus Markus' Erfahrung —

Bei der Routenplanung folge ich zwei Prinzipien, die das Reisen mit dem WoMo für mich genial einfach machen. Nummer eins habe ich von meiner Arbeit als Softwareentwickler übernommen – dort würde man sagen: Agil vorgehen und in Sprints abarbeiten, also alles vorplanen, aber nicht als eine große Route, sondern Etappe für Etappe. Erst wenn einer dieser »Sprints« absolviert ist, bestimme ich den nächsten, für den ich dann durchaus einen Plan in petto habe. So bleibe ich in meiner Gesamtroute »agil«.

Das zweite Prinzip verdanke ich meinem Sohn: Wenn's uns gefällt, dann bleiben wir, solange wir wollen. Ist etwas doof, dann schnell weiter! So stecken wir Enttäuschungen ratzfatz weg und verbringen die meisten Momente mit Genuss.

An der Stelle herzlichen Dank an meinen Kleinen, der mir hier das beste Vorbild ist!

DEINEN LIEBLINGSPLATZ FINDEN

Bei der Reiseplanung spielt der Übernachtungsplatz eine der Hauptrollen. Egal für welche Übernachtungsform oder Kombination aus Kapitel 1 du dich entscheidest, egal wie treu du dich an deine geplante Route hältst: Vor Antritt der Reise solltest du wissen, ob unterwegs und am geplanten Zielort passende Übernachtungsorte zu finden sind, die deinen Wünschen entsprechen.

Stellplätze finden – Buch oder App?

Um die Möglichkeiten zumindest ungefähr zu überblicken, gibt es mittlerweile viele Hilfsmittel. Die zuvor erwähnten Wohnmobilführer warten häufig mit Übernachtungsmöglichkeiten auf. Reine Stellplatz- oder Campingplatzführer sind ebenfalls in Buchform erhältlich, beispielsweise der bekannte »Bordatlas« von Reisemobil, aber auch Printausgaben von kleineren Anbietern wie Landvergnügen oder Bauernleben aus Österreich. Ergänzend zu Straßenkarten haben diese definitiv ihre Berechtigung. Gerade in der Planung lassen sie sich gemütlich auf der Couch durchblättern und liefern viele Informationen.

Tipp

Änderungen bei Stell- und Campingplätzen sind an der Tagesordnung. Spätestens auf der Tour haben digitale Angebote einen Vorsprung – und im Zweifel die aktuelleren Informationen, wenn du nach geeigneten Übernachtungsorten suchst.

Auf bewährten Onlineportalen stehen dir die wichtigsten Informationen und Tools für die jeweiligen Übernachtungsformen zur Verfügung und unterstützen dich bei deiner Vorbereitung. Einige haben ihr Angebot zusätzlich um eine entsprechende App erweitert, was die Bedienung auf der Reise deutlich vereinfacht. Die Anbieter glänzen in unterschiedlichen Kategorien: So ist nicht nur die Übernachtungsform ein Kriterium, sondern zum Beispiel auch das Land, in das man reisen möchte. Das eine Multitool, das alles kann, gibt es leider (noch) nicht.

Ein Klassiker im Campingsegment ist der ADAC Camping- und Stellplatzführer. Dieses Werk zeichnet sich besonders dadurch aus, dass die aufgeführten Plätze regelmäßig von ADAC-Inspektoren besucht und nach festen Kriterien geprüft und beurteilt werden. Außerdem ist die ADAC-Camp-Card enthalten, mit der du auf teilnehmenden Plätzen einige Prozent Nachlass erhältst. Den ADAC Campingführer gibt es als Buch, als Onlineportal PiNCAMP und als App mit dem Namen ADAC Camping- und Stellplatzführer.

Promobil hat sich dagegen einen Namen mit seinem Stellplatzradar gemacht. Auch dieser ist als Internetportal oder als App verfügbar.

Alle Anbieter unterscheiden sich sowohl in der Anzahl der Plätze, die sie präsentieren, als auch in ihrer Bedienung sowie ihren Funktionen. Das Portal Caramaps beispielsweise verfügt über einen Geochat. Hat ein Nutzer des Portals diese Funktion freigeschaltet, kannst du sehen, wo er sich befindet und mit ihm chatten. Das dient nicht, wie einige vielleicht denken, als Camper-Single-Börse. Vielmehr kannst du hier Fragen stellen oder beantworten: Ist der Platz noch geöffnet? Wie ist der Wind? Hat der angrenzende Fluss Hochwasser? So ein Informationskanal kann Gold wert sein, wenn du im Internet keine aktuellen Informationen findest oder vergeblich versuchst, einen Campingplatzbetreiber telefonisch zu erreichen.

Eines haben alle Anbieter gemeinsam: Sie versuchen, den jeweiligen Platz mit Hilfe von Rezensionen und Bewertungen objektiv und vor allem aktuell darzustellen. Wichtige Fakten zum Platz (z. B. Übernachtungspreise, Serviceangebote, eventuelle Hundeverbote usw.) werden zusätzlich abgebildet. Richtig gute Apps verfügen über eine Routenfunktion, sodass alle Stell- und Campingplätze auf einer geplanten Reisestrecke ersichtlich sind.

Auch für die Freisteher gibt es eine passende Plattform: Park4Night beinhaltet neben Servicestationen für Camper auch Übernachtungsmöglichkeiten fernab von Campingplätzen und Co. Die typischen Freistehorte sind Wanderparkplätze oder Waldlichtungen – ganz nach dem Motto:

»Home is where you park it.« Die Nutzer fügen selbständig neue Orte hinzu, die durch weitere Freisteher bestätigt werden. Aufgrund von User-Bewertungen und Fotos kannst du dir ein relativ gutes Bild vom Nachtquartier machen. Ganz blind solltest du dem System aber nicht vertrauen, denn viele der vorgestellten Plätze werden nur unregelmäßig besucht. An manchen Orten, die noch vor wenigen Wochen in der App als Übernachtungstipp angepriesen wurden, stehen heute schon Verbotsschilder.

Ähnlich wie bei der Routenplanung existieren für die Suche des perfekten Übernachtungsplatzes viele Inspirationen und Bewertungen in sozialen Medien. Facebook-Gruppen und YouTube-Channels beschreiben spannende Orte bis ins Detail – auch hier heißt dein Problem am Ende Qual der Wahl.

Tipp

Damit du später auf der Reise direkt zu deinem neuen Lieblingsplatz findest, kannst du dir bei vielen Tools die besten Plätze mit Hilfe der Favoritenfunktion merken.

Vorausbuchung

Einige Plattformen bieten dir die Möglichkeit, deinen gewünschten Platz direkt zu buchen. Aber passt eine Vorausbuchung in deinen Augen überhaupt zum flexiblen Reisen im WoMo? Warum feste Zeitvorgaben schaffen, wenn du doch alles auf dich zukommen lassen möchtest?

Camping- und Stellplätze: Portale und Apps im Vergleich

	Länder	Kosten	App	Offline verwendbar	Besonderheit
ADAC Camping	Europa	8,99€/ Jahr	Android/ Apple	ja	Neben den User-Bewertungen fließen auch ADAC-Testerbewertungen in die Datenbank ein; übersichtliche Kriterien für die Suche.
Camper-contact	Europa	5,99€/ Jahr	Android/ Apple	ja	Absolute Transparenz über Plätze in den jeweiligen Ländern.
Camping. info	Europa	4,99–9,99€/ Jahr	Android	ja	Suche mit vielen Filtern und Navigation inklusive fahrzeugspezifischen Daten möglich!
Caramaps	Europa	29,99€/ Jahr 9,99€/ Monat 5,49€/ Woche	Android/ Apple	ja	GeoChat (Kommunikation zwischen Campern aufgrund des Standortes); in Frankreich auch private Gastgeber.
Hinterland. camp	Deutschland	kostenlos		nein	Einzigartige Plätze in der Natur – Instagram-Alarm!
Land-vergnügen	Deutschland	34,90/ Jahr	Android/ Apple	nein	Stellplätze bei privaten Gastgebern (Bauernhöfe, Lebensmittelproduzenten ...); bezahlt wird nur die Mitgliedschaft; regionale Produkte beziehen beim Gastgeber; inklusive Buch mit allen Plätzen.
MyCamps	Europa, Amerika		Android/ Apple		
park4night	Europa	9,99€/ Jahr 1,99€/ Monat	Android/ Apple	ja	Die App für Freisteher.
pincamp	Europa	kostenlos		nein	Campingplatzportal des ADAC, teilweise mit Buchungsmöglichkeit.
Promobil Stellplatz-Radar	Europa	4,99€/ Jahr 0,99€/ Monat	Android/ Apple	ja	Suchoption schließt nicht nur Stell- und Campingplätze ein, sondern auch Winter- und Abstellplätze.
womo-stell-platz.eu	Europa	5,49€/ Jahr	Android/ Apple	ja	

Die Antwort ist relativ simpel: Alle hätten gern die beste Parzelle auf dem Campingplatz direkt am Wasser. Willst du dir dieses Highlight sichern, wirst du um eine Buchung oft nicht herumkommen. Bedenke auch: Da immer mehr Menschen auf den Campinggenuss kommen, werden Plätze insgesamt rar. Vor allem in Ferienzeiten tust du gut daran, frühzeitig deine Fühler auszustrecken und dich auf ein Ziel festzulegen – sonst sind deine favorisierten Stell- und Campingplätze möglicherweise ausgebucht und du musst dich mit einer B- oder C-Lösung begnügen.

Letztendlich kommt es wie so oft ganz auf deine individuelle Tour an. Lässt du dich mit deinem Partner oder deiner Partnerin im Oktober durch die Alpen treiben, kommst du sicherlich ohne feste Buchungen zurecht. Planst du hingegen einen Sommerferienurlaub mit der Familie an einem der schönsten Ostseestrände, steigert eine Vorausbuchung deine Chancen auf deinen Lieblingsplatz um ein Vielfaches.

Aus Markus' Erfahrung

Ist die Routenplanung bei mir abgeschlossen, stehen auch die wichtigsten Ziele und Etappen fest. Fallen diese auf Campingplätze, buche ich schon den ein oder anderen Spot im Vorfeld. Auf dem Weg dorthin kalkuliere ich genügend Zeit ein, um spontan an anderen Orten zu verweilen. Mit dieser Strategie habe ich auf meinem Roadtrip feste Ankerpunkte, zwischen denen ich mich einfach treiben lasse.

MAUT KALKULIEREN

Zusätzlich zu den unvermeidlichen Spritkosten kommen Mautgebühren auf den Wohnmobilisten zu. Ist das ein notwendiges Übel? Nein, nicht unbedingt. Zwar werden in fast allen Ländern Europas Gebühren auf spezielle Straßen, Brücken oder Tunnel erhoben, aber es gibt beinahe immer eine alternative Route ohne weiteren Wegzoll. Auf solchen Straßen abseits mautpflichtiger Strecken hast du immer die Chance, mit malerischen Eindrücken oder einem sehenswerten Landschaftspanorama belohnt zu werden. Die Kehrseite der Medaille: Im Normalfall wirst du etwas mehr Zeit investieren, höhere Spritkosten einkalkulieren und schlechtere Straßen in Kauf nehmen müssen.

Willst du zeitoptimiert und möglichst komfortabel auf die Strecke gehen, sind Mautgebühren schwerlich zu umgehen. Europa steht hier – positiv formuliert – für einen ganzen Blumenstrauß an unterschiedlichen Systemen. Von einfachen Klebevignetten für die Frontscheibe über Zahlstellen bei Auf- und Abfahrt der jeweiligen Mautstraße bis zu einer elektronisch erhobenen Maut herrscht eine kunterbunte Vielfalt an Systemen.

Europaweit ist die streckenabhängige Gebühr weit verbreitet. In einigen Ländern, darunter zum Beispiel Polen, wird nur auf bestimmten Autobahnabschnitten Geld verlangt. Befährst du mautpflichtige Straßen in Italien, wirst du bei wirklich jeder Auf- und Abfahrt zur Kasse gebeten. In Frankreich beginnt und endet die Abrechnung jeweils an einer Mautstation: Vor einer Schranke ziehst du ein Ticket, das du bei der Abfahrt an der zweiten Schranke via Bargeld oder Kreditkarte bezahlst. Je mehr Kilometer, desto höher die Kosten. Teilweise ist es möglich, digitale Services zu buchen und zu konfigurieren, sodass du dich an den jeweiligen Mautstellen direkt auf der »Fast-Lane« einreihen und an den langen Warteschlangen vorbeicruisen kannst.

Für ein Modell ohne Kassenautomaten haben sich zum Beispiel Österreich, Slowenien und die Schweiz entschieden. Hier zahlt man mit einer notwendigen Vignette eine Pauschale für die Nutzung der Straßen. Diese Nutzung ist zeitlich begrenzt. In Österreich kann man zwischen drei Gültigkeitsdauern wählen (zehn Tage, zwei Monate oder ein Jahr). In der Schweiz dagegen ist das System deutlich vereinfacht: Hier zahlt man immer pauschal für ein Jahr. Wer sich über diese Vereinfachung freut, sei einmal dahingestellt.

Einige Länder sammeln das Geld auch über elektronische Abrechnungen ein. Hierfür kannst du dein Kennzeichen freischalten lassen oder eine sogenannte Mautbox kaufen, ein kleines Kästchen, das per Saugnapf an die Frontscheibe geklebt wird. So erfasst das System automatisch deine gefahrenen Strecken und rechnet anschließend über deine hinterlegte Kreditkarte ab. Das ist komfortabel und erspart Wartezeiten vor Mautstellen.

Jedes Land hat hier sein eigenes System – aber um das Ganze zu vereinfachen, fassen einige Anbieter die unterschiedlichen Mautboxen auch in einer Art Universal-Transponder zusammen. So ermöglicht es Bip&Go mit nur einem einzigen Kästchen an der Windschutzscheibe durch Frankreich, Italien, Spanien und Portugal zu fahren.

Fahrzeugkategorie

Mautregeln unterscheiden sich nicht nur von Land zu Land, sondern auch zwischen den spezifischen Fahrzeugdaten wie Gewicht oder Abmessungen deines Campers. Unter dem Strich ergeben sich die Kosten aus dem zulässigen Gesamtgewicht, der Länge, der Höhe oder einer Kombination aus allen drei Faktoren. Die magische Gewichtsgrenze für die Berechnung liegt bei 3,5 Tonnen. Sobald dein Reisemobil diese Schwelle überschreitet, kommen die schon erwähnten Mautboxen zum Tragen. Wegen der verschiedenen Systeme kann je nach Tour eine feine Sammlung an kleinen Geräten an der Windschutzscheibe zusammenkommen. Das bedeutet nicht nur mehr Saugnäpfe, sondern auch höhere Kosten pro gefahrene Kilometer als bei den leichteren Mobilen. (Mehr hierzu auch in Kapitel 2, *ab Seite 70.*)

Tipp

Das Thema Maut wird schnell unübersichtlich – aber kein Grund, dir deshalb bei der Reiseplanung graue Haare wachsen zu lassen! Wie hoch die Mautgebühren ausfallen und ob gebührenfreie Straßen eine sinnvolle Alternative sind, kannst du ganz entspannt auf maps.adac.de feststellen. Per Routenplaner erhältst du nicht nur Auskünfte über die voraussichtlichen Kilometer und Fahrzeiten – du kannst auch in den Wohnmobilmodus umschalten und Ergänzungen wie deinen individuellen Spritverbrauch eingeben. Das Ergebnis informiert dich, welche Benzinkosten und Mautgebühren auf dich zukommen. Alternativ kannst du dazu die geplante Strecke ohne Mautstraßen berechnen und erhältst damit eine hervorragende Entscheidungsgrundlage.

Ein Beispiel: Die Strecke von München nach Meran beträgt auf gebührenpflichtigen Straßen 310 km und schlägt mit ca. 35 Euro Spritgeld und 16,60 Euro Mautgebühr zu Buche (Stand Frühjahr 2021). Die Fahrzeit wird mit vier Stunden und 18 Minuten kalkuliert. Meidest du die Bezahlstraßen, so berechnet der Routenplaner des ADAC sogar eine kürzere Fahrstrecke mit 288 km und einen etwas geringeren Spritverbrauch von 32,50 Euro. Allerdings beträgt die errechnete Fahrzeit mit sechs Stunden und 22 Minuten immerhin zwei Stunden mehr als über den gebührenpflichtigen Asphalt.

Abgesehen von der Zeit sind die Unterschiede auf kurzen Strecken sehr überschaubar. Bei längeren Strecken, wird sich der Unterschied deutlicher zeigen. Neben Zeit und Geld ist natürlich weiterhin der Umweltaspekt nicht zu vergessen.

Die Maut zählt nicht unbedingt zu den klassischen Lieblingsthemen bei der Reiseplanung. Trotzdem: Je eher du mit diesen Vorbereitungen beginnst, umso besser, denn der Teufel lauert nicht selten im Detail. Bei der ASFINAG in Österreich zum Beispiel gilt die gelöste digitale Vignette erst 18 Tage nach der Bestellung. Der Grund hierfür liegt in dem 14-tägigen Umtauschrecht, das die Europäische Union bei Onlinegeschäften vorschreibt.

Eine Übersicht über alle anfallenden Mautgebühren findest du auf den Infoseiten des ADAC oder zum Beispiel in der App »Mit dem Auto ins Ausland« vom Zentrum für Europäischen Verbraucherschutz e.V.

FÄHREN BUCHEN

Eine Reiseroute beschränkt sich nicht zwingend aufs Festland: Falls du beispielsweise dänische oder die britischen Inseln, Elba oder Sardinien ansteuerst, bist du auf Fähren angewiesen. Auf Touren nach Skandinavien kann das Erlebnis Wasserstraße eine interessante Alternative zum Landweg darstellen.

An den Knotenpunkten zu touristischen Hotspots tummeln sich eine Menge Reedereien, die dich und dein WoMo

als Gäste gewinnen wollen. Spontane Überfahrten per Fähre lässt man sich dort richtig teuer bezahlen. Wenn du also entsprechend vorausplanst und buchst, wird sich das in deiner Urlaubskasse sehr positiv bemerkbar machen.

Je nach Route und Reederei kannst du unterschiedliche Annehmlichkeiten für eine entspannte Überfahrt reservieren. Neben deinem WoMo-Stellplatz und einem Kiosk bieten die Schiffe oft deutlich mehr: Mit Bordkinos, Restaurants, Casinos und Schlafkabinen bemühen sich die Anbieter, die Fahrt so kurzweilig wie möglich zu gestalten.

Die Basispreise für eine Überfahrt setzen sich in den meisten Fällen wie folgt zusammen:

- Anzahl der Reisenden
- Abmessungen des Wohnmobils (inklusiver aller Anbauten)
- Gewicht des Fahrzeugs

Die Reisezeit nimmt einen erheblichen Einfluss auf die Fährkosten. Hier sind nicht nur saisonale Unterschiede zu beachten, sondern auch, ob du die Fahrt werktags oder nachts antrittst. Wochenend- und Nachtfahrten kosten häufig mehr. Auch ein Preisvergleich zwischen den konkurrierenden Reedereien kann sich bezahlt machen, denn die Unterschiede sind oft enorm.

Aus Markus' Erfahrung

Die Aufregung bei meiner ersten Fahrt mit dem Wohnmobil auf einer Fähre werde ich nie vergessen. Um auch bloß nicht zu spät zu kommen, hatte ich alles minutiös geplant. Überpünktlich stand ich am Hafen. Nervös wie ich war, suchte ich nach einer passenden Gelegenheit, meinen Camper zu parken – und auf einmal ging alles ganz ruckizucki: Mein Ticket wurde verlangt, jemand winkte mich durch, und ich rollte schweißnass auf den angewiesenen Platz auf der Fähre, eingequetscht zwischen all den anderen. Ehe ich mich versah, hatte die Fähre auch schon abgelegt, die Küste verschwand, und wir schaukelten auf hoher See. Erst jetzt fiel mir auf, dass es noch viel zu früh war und ich auf der falschen Fähre stand – gebucht hatte ich nämlich erst die übernächste.

Also, oberstes Gebot auf Fähren: Nicht aus der Ruhe bringen lassen. Your WoMo is your Castle und jede Schramme ist eine zu viel. Darum locker bleiben, sollten die Einweiser Druck machen. Für sie ist eben Zeit Geld – und wäre es wirklich zu knapp, würde man dich gar nicht mehr an Bord lassen.

VERSICHERUNGEN

Vorfreude ist die schönste Freude, sagt man, aber auch der Reisespaß unterwegs ist uns lieb und teuer. Unschöne Szenen, die den Spaß verderben, malt man sich nicht so gern aus. Es muss gar nicht gleich ein Unfall sein – selbst ein Reifenplatzer oder eine unvorhergesehene Erkrankung kann das Urlaubsvergnügen sehr schnell trüben. Gut, wenn du dann wenigstens ausreichend versichert bist und dich im Fall eines Falles auf finanzielle und organisatorische Hilfe verlassen kannst.

Die Haftpflichtversicherung übernimmt Schäden an fremden Fahrzeugen und Personen sowie Sach- und Vermögensschäden. (Ohne Haftpflicht wird dein Wohnmobil gar nicht erst zugelassen.) Erweiterst du diese um eine optionale Teilkaskoversicherung, werden weitere Schäden abgedeckt: Sie springt bei Fahrzeugdiebstahl, Unwetterschäden, Marderbiss, Zusammenstößen mit Wildtieren sowie Glasbruch ein. Eine Vollkaskoversicherung komplettiert dieses Angebot um selbstverschuldete Unfälle und Schäden durch Vandalismus. Gerade bei Neufahrzeugen kann sich eine Vollkaskoversicherung durchaus lohnen. Die Höhe des Versicherungsbeitrags bemisst sich anhand unterschiedlicher Faktoren. Den wichtigsten Ausschlag gibt wohl der Bruttolistenpreis des Wohnmobils am Tag der Erstzulassung. Zudem in Betracht gezogen werden unter anderem die geplante Laufleistung, die Schadensfreiheitsklasse und ein möglicher Garagenstellplatz. Weitere wichtige Fragen lauten: Wie alt sind die Fahrer? Seit wann besitzen sie einen

Führerschein? Und natürlich: Wie hoch ist ihre Selbstbeteiligung im Schadensfall?

Tipp

Um die Versicherungsprämie einer Vollkaskoversicherung möglichst niedrig zu halten, ist man schnell verleitet, den Listenpreis des Wohnmobils ohne sämtliche Optionen und fest verbautes Zubehör (Markise, Anhängerkupplung, Solarpanel etc.) anzugeben. Spätestens in einem Schadensfall wird sich dies jedoch rächen – denn damit ist dieses Zubehör auch nicht mitversichert.

Der Gang zu deinem vertrauten Versicherungsexperten ist bei diesem komplexen Thema absolut zu empfehlen. Darüber hinaus bist du bestens beraten, dir auch Angebote bei spezialisierten Wohnmobil-Versicherungsmaklern einzuholen. Eine WoMo-Versicherung ist nämlich nicht ohne Weiteres mit einer herkömmlichen PKW-Versicherung zu vergleichen. Einige Besonderheiten, wie zum Beispiel Fristen bei der Reisedauer, Gewicht des Fahrzeugs oder eine zusätzliche Inhaltsversicherung, verändern die Anforderungen an deine Police.

Im Vergleich zu einem normalen Auto hast du deutlich mehr Gepäck geladen. Für dein bewegliches Hab und Gut gibt es daher eine Inhaltsversicherung, die zum Beispiel Laptop, Fotoapparat oder Handys abdeckt, aber auch Dinge wie ein abtrennbares Vorzelt, Campingmöbel sowie Sportgeräte im oder am Fahrzeug. Diesen Schutz übernimmt mit einer entsprechenden Erweiterung eventuell auch deine Hausratversicherung zu einem preiswerteren Tarif.

Auslandsschutzbriefe

Ein Reiseschutzbrief dient dir als Sicherheitsnetz, das dich bei Zwischenfällen auf Reisen auffängt, wenn du zum Beispiel Unterstützung bei einer einfachen Reifenpanne brauchst oder auch Unfallhilfe inklusive Abschleppservice benötigst. Ein weiteres Plus bietet der (Kranken-)Rücktransport bei plötzlichen Erkrankungen oder Verletzungen.

Tipp

Schutzbriefleistungen werden nicht nur von Versicherungen vertrieben, sondern auch von Autoclubs. Vorsicht hier bei Fahrzeugen über vier Tonnen: Diese werden bei den Policen oft ausgeschlossen.

Treten bei Trips in andere Länder gesundheitliche Probleme auf, steht dir eine Auslandskrankenversicherung zur Seite, beispielsweise wenn du noch vor dem Rücktransport eine medizinische Behandlung brauchst. Hierzu zählt nicht nur die Übernahme von Kosten, sondern es werden auch organisatorische Dienstleistungen berücksichtigt, wie zum Beispiel Dolmetscher oder Hilfe bei Formalitäten. Aber Achtung: Auch hier steckt der Teufel im Detail, besser gesagt im Kleingedruckten. Oftmals werden die Leistungen nur bewilligt, wenn die Reisedauer sechs Wochen nicht überschreitet. Ein geplantes Überwintern in Südspanien fällt damit raus.

Man erlebt es auf unseren Straßen kaum, aber kommt es doch einmal zu Streitigkeiten, kann sich auch eine Verkehrsrechtsschutzversicherung rentieren.

Insgesamt ist das Thema Versicherung nicht zu unterschätzen, gerade weil sich diese Welt immer schneller dreht. Beiträge und Versicherungsumfang ändern sich von Angebot zu Angebot. Hier den Überblick zu behalten, stellt selbst alte WoMo-Hasen vor eine echte Herausforderung. Daher lohnt sich eine frühzeitige, intensive Recherche und der Besuch beim Experten.

DIE WELT BRAUCHT WOHNMOBIL-CHECKLISTEN

Alle die mich kennen wissen: Ich bin ein Checklistenfanatiker. Das A und O bei einer sauberen Reiseplanung sind für mich gute Checklisten. Sie sorgen für Struktur und beugen bösen Überraschungen vor. Dein Stresslevel wird dadurch merklich gesenkt. Du kannst dich auf deine Vorbereitung verlassen und hast nicht ständig das kleine Männchen im Ohr, das dich permanent auf der Tour fragt, ob du dies und jenes eingepackt hast.

Von der Planung bis zur Rückfahrt gibt es unterschiedliche Listen, die entsprechend der jeweiligen Tour anzupassen sind. Vor jeder Abfahrt wird die Grundausstattung im

Fahrzeug gecheckt. Sind alle Teller und Gläser vorhanden? Ist das Stromkabel einsatzbereit?

Tipp

Um die Checkliste der Grundausstattung an deine persönlichen Bedürfnisse anzupassen, bieten sich Wochenendtrips als Einsteigertouren an. In einem kleineren Radius von zu Hause kannst du eventuell auftretende Probleme unkompliziert mit einer kurzen Heimfahrt lösen.

Weitere Checklisten enthalten Utensilien, die auf einem perfekten Roadtrip nicht fehlen dürfen – sei es die Reiseapotheke mit speziellen Inhalten für die jeweilige Tour, seien es Sportgeräte oder Hygieneartikel, damit du vor Ort zum Beispiel immer Sonnencreme und Insektenspray parat hast.

Ein besonderes Augenmerk gilt den Dokumenten, die du bei Bedarf vorzeigen musst oder die dir hilfreich zur Seite stehen können. Denke hier beispielsweise an Bedienungsanleitungen für dein Equipment an Bord. In digitaler Form sparen sie Platz und Gewicht. Bei Dokumenten wie Ausweisen, Impfpass und vielem mehr ist das anders: Hier musst du je nach bereistem Land unterschiedliche Dokumente mitführen. In digitaler Form ist das in der Regel nicht ausreichend. Haustierbesitzer sollten an notwendige Papiere für ihre lieben Vierbeiner denken, die als Reisebegleiter mit an Bord sind (für alle Haustiere mit mehr oder weniger Beinen gilt das natürlich ebenso).

Schreibe dir vorab nicht nur Listen für Material, das mit-muss, sondern auch für Dinge, die du vor jeder Abfahrt be-achten und erledigen musst. Ich habe mir extra zu diesem Zweck eine praktische kleine Karte mit Schiebern gebas-telt, die ich an mein Lenkrad hänge. Klingt vielleicht splee-nig – aber du glaubst nicht, was im Reisefieber alles passie-ren kann.

Aus Markus' Erfahrung

Ein Beispiel: Familienurlaub. Wir wollen von einem Campingplatz zu einer neuen Etappe aufbrechen. Das Bezahlen an der Rezeption hat eine gefühlte Ewigkeit gedauert, weil ich überraschenderweise nicht der Einzige bin, der heute loskommen möchte. Die Zeit drängt. Ich will vor der Mittagspause beim nächsten Platz ankommen. Mein Mädel sitzt seit 15 Minuten abfahrbereit auf dem Beifahrersitz. Mein Kleiner bombardiert mich mit Fragen: »Wo warst du so lange? Haben wir den Ball eingepackt? Ich wollte noch meinem Kumpel Tschüss sagen! Ich glaub ich muss nochmal auf Klo!«

Ein Blick auf die Uhr verrät: Nur noch zweieinhalb Stunden, bis der neue Platz Mittagspause macht. Kommen wir zu spät, müssen wir drei Stunden lang vor der Schranke warten. Okay, jetzt schnell! Der kleine Chef geht noch mal auf Toilette, ich suche den Ball. Endlich sind alle beide eingepackt, und es geht los ... RATSCH!!! Im Rückspiegel sehe ich das Stromkabel und Teile meiner Außenbuchse wegfliegen ... (Natürlich ist das nicht mir passiert, sondern dem Onkel einer Freundin von einem Bekannten meines Bruders.)

Jeder WoMo-Camper wird dir bestätigen: Eine abgerissene Steckdose oder selbstöffnende Schubladen während der Fahrt können die Vorfreude auf eine gelungene Tour schnell trüben.

Mit meiner kleinen Checkliste läuft das alles ganz entspannt ab – dank diesem Helferlein vergesse ich nie, das WoMo vom Landstrom zu trennen oder alle Schränke im Fahrzeug zu verriegeln, bevor ich starte. Beinah fühlt man sich wie ein Pilot: »Auffahrkeile im Kasten?« – »Checked!« – »Stromkabel eingesammelt?« – »Checked!« – »Ready for lift-off in three, two, one …«

Tipp

Auf der Seite **www.fan4van.com/wohnmobil-checklisten** habe ich viele Checklisten als Vorlagen hinterlegt. Diese kannst du herunterladen und an deine persönlichen Bedürfnisse und Reiseaktivitäten anpassen.

Das Wichtigste nochmal zusammengefasst:

- Routenplanung ist eine perfekte Vorbereitung und führt zum bestmöglichen Erfolg, wenn du Abweichungen zulässt.
- Überlege dir verschiedene Routen und wähle letztlich die, die am besten zu Wetter und Laune passt.
- Routenplaner im Internet geben nicht nur Auskunft zu Straßen und Fahrzeit, sie berechnen teilweise auch anfallende Mautgebühren.
- Lege dich nicht auf eine Stellplatz-App fest. Je nach Tour bekommst du die besten Ergebnisse mal bei der einen, mal bei der anderen.
- Der Weg ist das Ziel. Geplant werden darf auch während des Roadtrips.
- Checklisten helfen dir, nichts zu vergessen.

 **Life Hack**

In den meisten Nachbarländern werden Autobahngebühren fällig. Diese kannst du oft bereits im Vorfeld digital bezahlen oder vorkonfigurieren. Die Belohnung: Auf speziellen Videospuren an den Mautstellen in Schrittgeschwindigkeit durchfahren und lange Wartezeiten vermeiden.

☼ Firmware-Update

 Die Welt dreht sich. Aktuelle Gesetzesänderungen und neue Links aus diesem Kapitel findest du unter:
www.how-to-womo.de/kapitel-5

6

DER ROADTRIP

Schluss mit der Theorie und auf ins Abenteuer – in wenigen Tagen startest du zu deinem Roadtrip! Bevor es auf die Straße geht, steht nur noch eines an: das Beladen und Packen.

RICHTIG BELADEN

Erstmal alles, was mitsoll, in Koffer quetschen? Das brauchst du endlich nicht mehr. Es entfällt beim Camping mit dem Wohnmobil komplett. Alle Sachen werden einfach in Kisten oder Taschen gepackt und dann ab damit ins rollende Zuhause. In Kapitel 2 ging es ausführlich um das Thema Gewicht, um die Masse im fahrbereiten Zustand und schließlich um die Zuladung. Jetzt dreht sich alles um die Frage, wie viel du ins Fahrzeug packen kannst und wo du es am besten verstaust.

Um die volle Kontrolle über die Ladung zu behalten, empfehle ich dir folgendes Vorgehen: Hast du ein Wohnmobil gemietet? Dann fahre damit direkt auf eine Waage und prüfe, welches Gewicht du noch zuladen darfst. Handelt es sich um deinen eigenen Camper? Dann statte ihn vor dem Wiegen mit sämtlicher Grundausstattung aus, die permanent im Fahrzeug verbleiben soll. Eine geeignete spezielle LKW-Waage findest du zum Beispiel beim Baustoffhandel, an Mülldeponien oder direkt beim TÜV sowie bei der Dekra. Bei den letzten beiden hast du auch die Chance, die einzelnen Achslasten zu messen.

Sobald du ein genaues Ergebnis hast, weißt du, wie viel Urlaubsgepäck dich begleiten darf. Die vorgepackten Kisten mit den notwendigen Reiseutensilien wiegst du ganz einfach mit einer Personenwaage. Mit Liste und Taschenrechner behältst du perfekt die Kontrolle über das Gesamtgewicht.

Tipp

Nicht alle Reiseutensilien lassen sich einfach auf eine Personenwaage stellen. In diesen Fällen bewährt sich eine preiswerte Kofferwaage, an die du Taschen, Kochtöpfe und sogar Fahrräder hängen kannst, um das exakte Gewicht abzulesen.

Denke bitte in deiner großen Reiseeuphorie auch an das Gewicht des noch einzufüllenden Frischwassers und vor allem an die gesamte Reisecrew! So kommt es nicht zu unnötigen Diskussionen, und es muss auch niemand außerplanmäßig zu Hause bleiben.

Beispielgewichte

Artikel	Kilogramm
Markise (ca.)	45
Gasflasche mit 11kg Füllung (ca.)	21
Solaranlage (ca.)	20
Fahrrad (ca.)	15
Handtücher (in Summe ca.)	10
Geschirr & Besteck (ca.)	10
Töpfe (ca.)	10
Grill (inkl. Zubehör ca.)	8
Campingtisch (ca.)	6
Gläser (ca.)	5
Campingstuhl (ca.)	4
Auffahrkeile (ca.)	3

Das Gewicht haben wir im Griff – jetzt geht es darum, das Reisegepäck richtig im Wohnmobil zu verstauen. Eine einfache Faustregel lautet: Schweres Utensil findet seinen Platz unten in der Mitte.

Nach außen und oben hin sollte das mitzuführende Hab und Gut immer leichter werden. Je tiefer und mittiger der Schwerpunkt des Fahrzeugs zwischen beiden Achsen bleibt, umso positiver wirkt sich dies auf die Fahreigenschaften aus. Schweres Gepäck wie Getränkeflaschen, Töpfe oder dein Schlauchboot verstaust du am besten unter Sitzbänken, im doppelten Boden oder in den untersten Staufächern der Küche. Die Hängeschränke bieten genügend Platz für Textilien oder leichte Ausstattung wie Küchenkrepp.

Nicht alles lässt sich ohne Weiteres im doppelten Boden oder Küchenschrank verstauen, denke beispielsweise an dein E-Bike oder die Langlaufski. Sie finden ihren Platz entweder in der großen Heckgarage oder an einem Heckträger außerhalb des Fahrzeuges.

»Einfach am Heckträger befestigen« stellt sich in der Praxis mitunter spannender dar, als es klingt. Stell dir deinen Camper als Wippe auf einem Spielplatz vor: Je mehr Gewicht auf das eine Ende des Fahrzeuges einwirkt, desto mehr wird das andere Ende entlastet. Ein am Heck montierter Träger verstärkt durch die Hebelwirkung das Ungleichgewicht. Da die meisten Basisfahrzeuge mit Vorderradantrieb ausgestattet sind, wirkt sich das negativ auf das Fahrverhalten aus, zum einen auf die Lenkung, zum anderen auf die Bodenhaftung der Antriebsräder. Die oben bereits erwähnte Achslast spielt also eine wichtige Rolle. Mit der Zulassung des Fahrzeugs wird nicht nur das Gesamtgewicht, sondern auch die maximale Belastung pro Achse festgelegt. Wie hoch die einzelnen Werte sind, liest du entweder von deinem Fahrzeugschein oder von einer Plakette im Motorraum ab.

Tipps

- Wassertank erst am Zielort komplett füllen – unterwegs reichen wenige Liter.
- Nur das Nötigste an Getränken mitnehmen.
- Auf schwere Konservendosen verzichten – selbstgekocht schmeckt eh besser.
- Spezielles Campinggeschirr und Kochutensilien verwenden.
- Gasflaschen aus Aluminium statt aus Stahl besorgen.
- Reserverad durch Pannenset ersetzen.

Apropos Heckträger: Dieser wirkt sich nicht nur auf das Gewicht aus, er bringt auch einige Verpflichtungen mit sich: Je nach Land gibt es unterschiedliche Vorschriften zur Markierung von Gegenständen, die über die Fahrzeuglänge hinausragen. Fahrräder auf einem fest verbauten Heckträger müssen beispielsweise in Italien oder Spanien mit einem speziellen Warnschild gekennzeichnet werden, jedes Land hat seine eigene Vorschrift wie. Auch auf dem Dach montierte Gegenstände wie Surfbretter, Kanus oder Drachen, welche die Länge des WoMos überragen, müssen gekennzeichnet werden. Aktuelle und länderspezifische Vorschriften findest du unter anderem auf den Webseiten des ADAC.

Neben Gewicht und Kennzeichnungen ist das Sichern der Ladung zu beachten: Lose Gegenstände im Innenraum des Wohnmobils sind ein absolutes No-Go! Bereits bei einer Vollbremsung mit geringer Geschwindigkeit können herumliegende Objekte zu gefährlichen Geschossen werden. Haustiere, die als Reisebegleiter mit auf den Roadtrip kommen, wollen dabei ebenfalls nicht vergessen werden – für sie gibt es spezielle Gurtsysteme oder Boxen, damit weder ihnen noch den anderen Mitfahrern etwas passiert.

Für maximale Sicherheit in den Schränken sorgt spezielles Zubehör (mehr dazu in Kapitel 4, *auf Seite 135*).

— Aus Markus' Erfahrung —

Obwohl ich wirklich sehr penibel bin, was Ordnung und Sicherung in meinem Fahrzeug betrifft, habe ich früher immer wieder vergessen, den Tisch aus der ▶ Dinette richtig zu verstauen. Der verstell- und abnehmbare Tisch erweist sich im Camperalltag als extrem praktisch, aber genau das birgt ein großes Risiko: Bei einem möglichen Ausweichmanöver oder einer Vollbremsung kann er unkontrolliert durch den Innenraum fliegen. Dank meiner kleinen Abfahrt-Checkliste passiert mir das jetzt nicht mehr. Jetzt verstaue ich den Tisch immer in einem Bereich über dem Cockpit, wo eigens zu diesem Zweck eine Halterung angebracht ist.

Auch beim Packen meiner Schränke achte ich darauf, alles richtig einzuräumen, damit sich nichts selbstständig macht und möglicherweise kaputtgeht. Wo zum Beispiel Laptop und technisches Equipment transportiert werden, stopfe ich leichte Handtücher in die Zwischenräume. So verrutscht nichts mehr, und das Geklapper hat ein Ende.

Ein WoMo einräumen und beladen ist eine Frage der Übung und Routine. Es kann ein Leichtes sein – oder auch für manche Beziehungen eine große Herausforderung darstellen. Anders als beim Beladen eines PKW frisst das Einräumen des Reisemobils viel Zeit. Die solltest du dir unbedingt nehmen! Für einen 14-tägigen Urlaub plane ich gerne einen Tag Packzeit ein, um mein komplettes Gepäck ordentlich und überlegt zu verstauen und alle Tanks zu füllen. So rolle ich tiefenentspannt meinem Urlaubsvergnügen entgegen.

ON THE ROAD

Ein Grund für meine große WoMo-Begeisterung: Mit meinem Kasten beginnt der Urlaub für mich bereits auf dem ersten Kilometer. Das Fahrzeug ist gepackt, jetzt werden nur noch die Armlehnen runtergeklappt und der Motor gestartet. Ein super Gefühl!

Fahrverhalten

Das Gemeine an einer Fahrt im Wohnmobil ist, dass sie sich zu Beginn gar nicht so sehr von einer Standardautofahrt im PKW unterscheidet. Das WoMo lenkt sich leicht, und das Spiel zwischen Kupplung und Gas klappt wie gewohnt. Die ersten Unterschiede machen sich bemerkbar, sobald du beschleunigst, selbst wenn das Wohnmobil über ähnlich viele Pferdestärken verfügt wie dein PKW. Das beginnt schon bei der ersten Abbiegung auf eine Hauptstraße: Hier solltest du lieber auf etwas größere Lücken im Verkehr warten, denn durch das hohe Gewicht wird der Camper in der Regel etwas gemächlicher auf Touren kommen, als du es gewohnt bist.

Mit der Zeit wirst du weitere Unterschiede beobachten. Aufgrund der Höhe und der nicht immer ganz aerodynamischen Form des WoMos spürst du jeden Seitenwind deutlich, gerade beim Überholen von LKW auf Autobahnen. Durch den höheren Schwerpunkt und die Federung fährt sich das Wohnmobil in Kurven und auf Bodenwellen völlig anders als ein normales Auto – ganz zu schweigen vom Verhalten deines Schwergewichts bei der ersten Vollbremsung.

Tipp

Um die Grenzen meines Vans auszutesten, habe ich ein Fahrsicherheitstraining für Wohnmobile absolviert. Hier konnte ich genau beobachten, wie unterschiedlich sich mein Fahrzeug auf trockener bzw. nasser Straße verhält. Der lange Bremsweg nach einer Vollbremsung mit 100 km/h auf regenfeuchtem Asphalt hat mich kalt erwischt. Auch das Kurvenverhalten auf nasser Fahrbahn ist merklich anders als bei trockener Straße und mit einem PKW überhaupt nicht zu vergleichen. Angeleitet von einem Fahrsicherheitstrainer lernte ich nicht nur die Eigenschaften meines WoMos richtig gut kennen – es hat auch noch irre viel Spaß gemacht! Spezielle Fahrsicherheitstrainings für Wohnmobilisten werden zum Beispiel vom ADAC oder den Herstellern selbst angeboten und sind definitiv zu empfehlen.

Schone deine Nerven und reise mit dem Motto: »Wir sind im Urlaub und nicht auf der Flucht.« Logischerweise ist dein WoMo kein Rennauto. Je nach Wohnmobiltyp wird sich auf der Autobahn ein entspanntes Reisetempo zwischen 80 und 120 km/h einpendeln. Dieses gechillte Fahren ist völlig in Ordnung und macht sich auch auf der Spritrechnung bezahlt. Auf engen Landstraßen oder bei Steigungen kann dein ohnehin gemächliches Tempo noch einmal deutlich nachlassen. Super für dich, wenn du dann immer noch entspannt bleibst – aber natürlich bist du nicht allein auf der Straße. Gestresste Berufspendler bringen für gemütliche Urlaubscruiser oft nicht ganz so viel Verständnis auf. Indem du kurz an die Seite fährst und den Stau freundlich vorbeiwinkst, teilst du deine Entspannung sinnvoll und wirst zusätzlich mit dem Gefühl der guten Tat belohnt.

Generell ist das Lockerbleiben am Lenkrad leichter gesagt als getan, denn mit so einem Dickschiff mal eben eine enge Kurve zu meistern oder auf einem vollen Parkplatz zu rangieren ist gewöhnungsbedürftig. Aber denke immer daran: Das genervte Hupen ist bei einem schönen Gläschen im Sonnenuntergang schnell vergessen – eine fette Beule in deiner Seitenwand dagegen kann dir den ganzen Urlaub madig machen. Also: Locker bleiben, alles geht vorbei.

Plan B – Übernachten an der Autobahn

Nicht jede Etappe funktioniert wie geplant. Äußere Einflüsse wie Stau, Umleitungen oder einfach nur gegensätzliche Vorstellungen zwischen Erwachsenen und/oder (Enkel-)Kindern können dir einen Strich durch die Rechnung machen. Was bringt dir der ideale Übernachtungsplatz, wenn dorthin noch zwei Stunden zu fahren sind, du aber schwere Augenlider bekommst? Im Wohnmobil ist das Nebensache, denn du hast vom Feierabendbier bis zum gemütlichen Bett alles dabei, um glücklich zu sein. Besser auf die geplante idyllische Nacht am Seeufer verzichten, als etwas zu riskieren.

Als Notlösung für die notwendige Ruhephase bieten sich Autobahnparkplätze oder Raststätten an, allerdings eher die Picknickecken als die LKW-Plätze. Überkommt dich die Müdigkeit in einem Stadtgebiet, bieten sich in der Nacht sehr gut Parkplätze von Schwimmbädern, Kirchen oder Sportplätzen an.

Allein oder mit der Familie im Dunkeln auf einem völlig fremden Terrain – ist das nicht gefährlich? Zugegeben, ein absoluter Angsthase solltest du als WoMo-Urlauber nicht sein, denn ein bisschen Abenteuerlust gehört einfach dazu. Zwar hört man immer wieder von Wohnmobilisten, die in bestimmten Regionen Spaniens, Italiens oder Frankreichs ausgeraubt wurden. Mit einem gewissen Gespür für den richtigen Platz, gepaart mit zuvor eingeholten Informationen und einfachen Vorsichtsmaßnahmen, solltest du jederzeit auf der sicheren Seite sein.

Achte in jedem Fall auf Schilder, die eine Übernachtung im Wohnmobil verbieten. Solange du niemanden blockierst oder störst, wirst du für gewöhnlich eine ruhige Nacht verbringen.

Verkehrsregeln

Unterwegs werden dich Schilder und Verkehrsregeln immer zu einem etwas anderen Verhalten zwingen als beim Fahren eines kleinen PKWs – begonnen mit dem Einreihen auf der richtigen Spur an der Mautstation bis hin zu abweichenden Tempolimits je nach Gewichtsklasse oder Land. Auch Brücken mit Gewichtsbeschränkungen könnten dir hin und wieder das Adrenalin ins Blut treiben.

Klingt kompliziert und schwierig? Dann siehe oben: locker bleiben. Mit der richtigen Routenplanung (mehr dazu in Kapitel 5) und einer relaxten Grundhaltung wird schon die erste Tour zum Highlight – versprochen!

DER ULTIMATIVE STELLPLATZ-KNIGGE

Regeln gibt es nicht nur im Straßenverkehr, auch auf dem Camping- oder Stellplatz sind viele Vorgaben zu beachten. Wenn du sie befolgst, hast du gute Chancen, dich zum Lieblingsnachbarn zu machen.

- Beim Beziehen des Stellplatzes Bodenmarkierungen beachten, sofern vorhanden. Andernfalls das WoMo rücksichtsvoll so platzieren, dass sich weitere dazustellen können.

- Schon beim Parken die Privatsphäre beachten. Camper stehen in der Regel Fahrzeug an Markise und nicht Markise an Markise.
- Abstand halten. Nicht mit der Tür ins »Haus« fallen.
- Mit dem Camper keine anderen blockieren.
- Auf Stellplätzen weder Markise noch Möbel herausholen, sondern im Fahrzeug lassen. Erlaubt ist es, wenn entsprechende Flächen durch Markierungen oder Grünflächen ausgewiesen sind – oder es sich eben um einen Campingplatz handelt.
- Wie man in den Wald hineinruft, so schallt es heraus. Ein freundliches Hallo bringt so manchen musternden Stellplatzkollegen zum Lächeln.
- Nachtruhe beachten. Gute Laune und Stimmung sind perfekt, sofern man keine Nachbarn damit stört – Stichwort Musik, feurige Liebe usw.
- Schiebetüren nachts nicht mit Schwung zuknallen, sondern sanft und mit Gefühl zuziehen. Ausgeschlafene Nachbarn sind am nächsten Tag besser gelaunt.
- Wer zuerst kommt, mahlt zuerst. Stellplätze mit Hilfe von Campingmöbeln o. Ä. für Freunde freihalten löst bei anderen Campern keine Freude aus.
- Auf den Wegen bleiben. Selbst wenn es richtig eilt, ist der Weg über fremde Parzellen tabu, es sei denn, sie sind frei.
- Hunde anleinen, um Ängsten bei Nachbarn vorzubeugen, und Hinterlassenschaften konsequent beseitigen.
- Essensabfälle oder Kochwasser nicht aus dem WoMo kippen. Sonst werden einige kleine Besucher angelockt,

über die sich nachfolgende Camper sicherlich nicht freuen.

- Keinen Müll am Platz zurücklassen.
- Abwassertank nicht auf dem Stellplatz leeren, sondern bei der dafür vorgesehenen Entsorgungsanlage. Vor jeder Fahrt checken, ob der Hahn verschlossen ist.
- Mitcamper nicht zu lange warten lassen. Das gilt vor allem für die Sanitäranlage – zu Stoßzeiten der Flaschenhals eines Campingplatzes.
- Die Chemietoilette niemals mit einem Frischwasserschlauch durchspülen.
- Platzregeln lesen und befolgen. Die Nutzer tragen einen großen Teil zur Qualität eines Platzes bei.

So viele Regeln – da kannst du bei den ersten Touren schon mal das ein oder andere übersehen. Mit etwas Abstand betrachtet wird dir das richtige Verhalten am Camping- oder Stellplatz bald völlig klar sein und in Fleisch und Blut übergehen.

Was im Großen auf dem Platz gilt, ist im Kleinen genauso im WoMo zu beachten, damit das Zusammenleben funktioniert. Hier ist es enger als zu Hause, darum zählen Teamwork, gute Kommunikation und Rücksicht noch mehr als sonst. Kurz: Sich gegenseitig Dinge zu reichen funktioniert besser, als sich ständig aneinander vorbeizudrängeln.

CAMPING-TYPEN

Mit Kind an Bord liebe ich es, schöne Campingplätze anzufahren. Tür auf, der Kleine sucht sich andere Camperkinder zum Spielen und alle sind glücklich. Der Campingplatz ist nicht nur bei Familien sehr beliebt, auch Soziologen werden dort viel Material für ihre Milieustudien finden. Zehn Camping-Typen wirst du in deinem Campingleben garantiert mindestens einmal treffen, wenn auch in abgeschwächter Ausprägung oder als Mischform. Für mich sind sie immer wieder Anhaltspunkt, mich selbstkritisch zu fragen: Warte mal – benehme ich mich hier gerade ein bisschen zu sehr wie …

Der Campingplatz-Cop

Ihm machst du nichts vor, denn seit er denken kann, fährt er diesen Platz an und kennt alles wie seine Westentasche. Auch die Platzbetreiber sind, seiner Auskunft nach, mit ihm absolut dicke. Der Campingplatz-Cop fühlt sich für die Überwachung der Platzregeln zuständig und erweitert diese gelegentlich eigenmächtig. Hier musst du durch, selbst wenn du noch nicht mal richtig eingeparkt hast – und auch darauf wirst du schließlich noch selbstlos hingewiesen.

Der Musterer

Wenn du zum ersten Mal auf einen Campingplatz fährst, werden dir sofort die Blicke auffallen. Du wirst regelrecht gemustert. Der Extremmusterer weiß dabei sofort, wie du dir das WoMo leisten konntest und wie oft du damit schon unterwegs warst. Egal wie du deinen Grill positionierst, der Musterer weiß genau, was darauf landet und noch viel mehr. Solltest du ein Geheimnis daraus machen wollen, fühlt er sich gefordert, und es wird für ihn noch spannender.

Der Samariter

Gerade eingeparkt, schon steht er dir mit Rat und Tat zur Seite. Kurzerhand packt er an, wenn du den Stromverteiler nicht aufbekommst, und unterstützt dich, wo er kann. Bezahlen musst du maximal mit ein paar Informationen über dich, wenn er beim Ausräumen deiner Garage nicht eh alle Einblicke erhält, die ihm wichtig waren. Über Camper sagt man allgemein, dass sie alle sehr hilfsbereit sind – in den meisten Fällen freut man sich auch darüber.

Der Genießer

Der Genießer ist keine Person der großen Worte. Nur anhand seines Autokennzeichens kannst du erahnen, welche Sprache er überhaupt spricht. Er zieht sich zurück und genießt die Einsamkeit, soweit der Platz das eben zulässt. Ein freundliches Nicken zur Begrüßung ist das höchste der Gefühle. Ein perfekter Campertyp für alle anderen, weil er jeden in Ruhe lässt und sich um seine geheimnisvolle Zurückgezogenheit viele spannende Theorien entwickeln lassen.

Der Klugscheißer

Den Typ kennt man noch aus der Schulzeit. Grundsätzlich ist alles gut gemeint und soll weiterhelfen. Der Klugscheißer hat zu jedem Teil deiner Ausstattung eine Meinung und einen Tipp, wie es besser wäre. Wenn jedoch jeder Satz mit »Also das hätte ich jetzt anders gemacht …« anfängt, wird es schnell anstrengend, erst recht, wenn sich herausstellt, dass es bei Interessen und Hobbys wenig Übereinstimmungen gibt. Aber egal – er hat recht, das steht nicht zur Debatte.

Der Entertainer

Abstand ist für ihn ein Fremdwort. Kaum angekommen, gerätst du schnell in einen Schnack. Dabei erfährst du auf unterhaltsame Weise sofort, wer wann wie auf dem Platz aufgefallen ist. Welche Tagestouren du wann unternehmen sollst, welches Restaurant die beste Küche bietet und wie lange du maximal in der Dusche brauchen solltest – all das erfährst du direkt im ersten Gespräch. Ob dich all diese Informationen interessieren oder nicht: Kinder werden die Entertainer lieben – und du wirst nicht umhinkommen, wenigstens einmal mit einem Gläschen anzustoßen.

Der Instagrammer

Der Hingucker auf dem Platz! Denn beim Instagrammer findest du haufenweise süße Lichterketten, Holzbrettchen mit schön angerichteter Brotzeit und viele kuschelige Decken. Hier kommt echtes Campingfeeling auf. Beinahe romantisch, stünde er nicht mit der anderen Seite direkt bei den Mülltonnen – aber die Smartphone-Cam schießt die Fotos ja nur in die eine Richtung und darauf riecht man auch nichts.

Der MacGyver

Er ist minimalistisch und zaubert dir im Handumdrehen aus zwei Ästen Messer und Gabel. Mit seinem Multitool und Gaffertape macht er aus allem, was er finden kann, nützliche Camperhelfer. Ehe du dich versiehst, zaubert er aus deiner eingerissenen Markise ein komplettes Vorzelt. Er kommt mit wenig Schnickschnack aus und hat immer einen coolen Spruch auf den Lippen.

Der Businesscamper

Manchmal erkennst du ihn sofort an seinem Blaumann oder Anzug mit Krawatte – im Camper ein durchaus bizarres Bild. Reist der Businesscamper inkognito an, so fällt er spätestens nach dem Anziehen der Handbremse auf: Flugs werden Antennen für bestes Internet ausgefahren oder aufgestellt. Mit dem Knopf im Ohr ist der geschäftige neue Nachbar längst in der Telefonkonferenz und wählt sich parallel per Laptop in sein nächstes Onlinemeeting ein. Oftmals verlässt er erst viele Stunden nach Ankunft zum ersten Mal sein Fahrzeug – nicht selten um festzustellen, dass er vor Einbruch der Dunkelheit unbedingt nochmal umparken muss.

Der Systemfreak

Eine sehr faszinierende Spezies. Er ist der Camping-Typ, der mit fünf Personen in einem kleinen Campingbus unterwegs ist und dennoch immer alles perfekt sortiert, aufgeräumt und griffbereit hat. Während du in der Garage noch die Abspanngurte für die Markise suchst, hat der Systemfreak das komplette Vorzelt aufgebaut, die Würstchen auf dem Grill, und die Kids spielen bereits Fußball. Egal was er macht, du wirst dich immer fragen, wie er das so schnell hingekriegt hat.

Du

Schließlich kommst du noch mit deinem WoMo ums Eck – welcher Typ du nun bist, spielt gar keine Rolle. Vielleicht entdeckst du die eine oder andere Eigenschaft bei dir selbst – wahrscheinlich geht es den meisten Campern so. Gerade diese Menschenvielfalt ist das Faszinierende auf dem Campingplatz. Am Ende frönen alle demselben Hobby! Solange du daran Spaß hast und mit allen respektvoll umgehst, wirst du immer willkommen sein und dich wohlfühlen.

MOBILITÄT VOR ORT

Dein Wohnmobil verbindet auf fantastische Weise das Unterwegssein mit sämtlichem Komfort am Übernachtungsort. Da bleiben keine Wünsche offen – oder etwa doch?

Vielleicht ein kleines bisschen. Denn genau diese WoMo-Flexibilität wirst du leider schnell vermissen, sobald du vom

Campingplatz kurz in die Stadt oder ins nächste Schwimmbad abdampfen möchtest. Klar, du kannst mit dem Camper fahren, aber das bedeutet: aufräumen und die Fahrtauglichkeit herstellen, und damit meine ich nicht nur die des Fahrers. Alles muss zurück in die Schränke. Das Vorzelt wird entkoppelt und der Landstrom abgehängt. Auf einem unebenen Platz muss das WoMo von den notwendigen Auffahrkeilen herunter und später wieder drauf. Am Ende räumst du eine Stunde – und das für eine Fahrt von gerade mal 30 Minuten. Jetzt ist jeder Wohnwagenfahrer ganz klar im Vorteil!

Aber nicht verzagen, es gibt genügend Möglichkeiten, mobil zu bleiben. Je nach Platz ist der öffentliche Nahverkehr die einfachste Alternative. Hast du das Glück einer nahen, gut frequentierten Bushaltestelle, so bedeutet es für dich ein großes Stück Freiheit. Längere Ausfahrten lassen sich teilweise mit Mietfahrzeugen vor Ort kostengünstig arrangieren. Hin und wieder bieten Campingplätze Leihwagen zum kleinen Preis an, jedoch ist hierfür meist eine Reservierung notwendig. Je nach Reiseort und Risikobereitschaft kann sich selbst eine Fahrt mit dem Taxi zwischendurch lohnen. Triffst du auf einen sympathischen Fahrer, lernst du nicht nur spannende Orte kennen, sondern erfährst auch Interessantes über Land und Leute.

Als Selbstversorger schaffst du dir deine eigene Mobilität vor Ort. Vom kleinen Klappfahrrad bis zum schicken Sportwagen in der Heckgarage eines Liners (oder auf dem Anhänger) ist alles möglich. Viele Camper verschaffen sich auch mit kleinen Motorrädern oder Vespa-Rollern mehr Mobilität vor Ort.

Der unangefochtene Klassiker in diesem Bereich ist und bleibt das Fahrrad. Eingepackt in der Heckgarage oder am Träger, bietet es enorm viel Flexibilität und damit Freiheit. Ob du dich sportlich austoben, gemütlich die Gegend erkunden oder kurz etwas einkaufen möchtest – das Rad ist ideal dafür. Ein E-Bike oder Pedelec erspart dir unter Umständen einige Schweißperlen auf der Stirn, vergiss aber nicht, dass du bei den Stromern deutlich mehr Gewicht einplanen musst als bei konventionellen Fahrrädern: Vier E-Bikes verschlingen viel Platz und können mit je 20 Kilogramm glatt die Gewichtsgrenzen sprengen.

Etwas kleiner, dafür nicht ganz so gut in der Performance und Reichweite sind Tretroller oder E-Roller. Für kleine Strecken bewähren sie sich als perfekte Alternative aufgrund des geringen Packmaßes. Anders als Fahrräder verursachen die kleinen Flitzer in öffentlichen Verkehrsmitteln keine weiteren Kosten.

Elektro ist aktuell voll im Trend. Aber Vorsicht: Die Regeln zur Zulassung auf öffentlichen Straßen sind in jedem Land etwas unterschiedlich, so kann beispielsweise eine Helmpflicht vorgeschrieben sein.

Welcher fahrbare Untersatz für dich die richtige Ergänzung ist, liegt also zum einen am Reiseziel und zum anderen an der Zahl der Mitreisenden. Definitiv ist die Mobilität vor Ort nicht zu unterschätzen – mit etwas Planung im Vorfeld hast du hier die Chance, deinen Roadtrip noch einmal erheblich aufzuwerten.

Aus Markus' Erfahrung

Bei mir kommt es ganz darauf an, ob ich mit dem Camper in den Urlaub fahre oder alleine beruflich unterwegs bin. Auf dem Weg in den Familienurlaub befinden sich immer Fahrräder auf dem Kupplungsträger. Damit können wir alle zusammen kleine Ausflüge unternehmen oder getrennt die Gegend erkunden (in Wahrheit hat der Vati morgens gefälligst aufzustehen und frische Backware an den Van zu liefern). Wenn wir abends hin und wieder schön essen gehen, nutzen wir auf dem Hinweg die öffentlichen Verkehrsmittel und lassen uns hinterher mit dem Taxi zurück zum Stellplatz chauffieren – keine Lösung für jeden Tag, aber immer wieder ein tolles Highlight.

Bin ich alleine auf Businesstour, liegt mein E-Roller im Kofferraum. Zusammen mit Bus und Bahn gewährt er mir eine grandiose Reichweite, und ich gelange ohne nassgeschwitztes Shirt zu meinen Terminen. Mehr Mobilität geht nicht.

ERLEBNIS WINTERCAMPING

Ob es darum geht, dein eigenes WoMo effizient auszunutzen oder bewusst mit einem Mietmobil einen beeindruckenden Winterurlaub auf vier Rädern zu erleben – Wintercamping hat einen ganz besonderen Reiz. Vorbei die Zeit mit

Eisblumen im Fenster, steifen Fingern und roter Nase. Moderne Camper sind ausreichend isoliert, und die Heizsysteme liefern richtig Power, sodass du niedrigen Temperaturen, Eis und Schnee mit Leichtigkeit trotzt. Nach einem anstrengenden Skitag die weiße Winterwunderwelt aus einem kuschelig warmen WoMo zu betrachten, hat seinen ganz eigenen Charme.

Wintercamping erfordert jedoch eine etwas andere Reisevorbereitung und ein präzises Verständnis dafür, worauf es ankommt. Das beginnt mit deinem Fahrzeug: Ein Camper ist nicht winterfest, weil »wintertauglich« im Prospekt steht – da steckt der Teufel im Detail. Bei einem winterfesten Wohnmobil ist genau geregelt, in welchem Temperaturbereich zum Beispiel das Wassersystem immer noch funktionieren muss. Hier steht ein beheizbarer Abwassertank ebenso auf der Checkliste wie isolierte Wasserleitungen. Im Gegensatz dazu wird bei einem wintertauglichen Mobil schon mal ein Auge zugedrückt, Hauptsache es ist im Innenraum warm. Bevor du dich also ins kalte Abenteuer stürzt, schau beim Kauf oder beim Mieten genau hin, was das Fahrzeug gegen frostige Temperaturen leistet.

Ein weiterer wichtiger Wintercheck: Vor der Abfahrt sollten sämtliche Füllstände geprüft werden, sowohl von der Batterie, als auch von Gas oder Diesel – je nach Heizsystem. Sollte es dir einmal passieren, dass du bei gefühlten -15°C die Gasflasche wechseln musst, dann wirst du dich an diese Zeilen erinnern. Kleiner Trost: Ich hatte diesen Tipp selbst bestimmt schon hundertmal irgendwo gelesen, als mir in Hannover während der CeBIT genau das passierte. Einmal und nie wieder!

Gute Winterreifen gehören ebenso zum Pflichtprogramm wie Schneeketten (mehr dazu in Kapitel 4, *Seite 124*). Temperaturschwankungen und anhaltend tiefe Temperaturen lassen Gummidichtungen porös oder rissig werden, zum Beispiel wenn du eine zugefrorene Tür oder ein vereistes Fenster öffnest. Mit einem Gummipflegestift schützt du deine Dichtungen bei Minustemperaturen und verhinderst ein Vereisen der Türen.

Ein Funkschlüssel befreit dich nicht von der Mitnahme eines Schlossenteisers. Sind die Zylinder zum Toilettenschacht oder zur Frischwasserversorgung eingefroren, hilft ein Enteisungsset direkt und unkompliziert – dem Geschäft steht damit nichts mehr im Weg.

Die Kälte findet in erster Linie im Frontbereich ihren Weg in das Innere des WoMos. Vor allem die Fenster, aber auch der Boden- und Türbereich bieten wenig Isolierung. Es entstehen Wärmebrücken, die, wie der Name schon verrät, die mühsam gewonnene Wärme direkt von innen nach außen leiten. Um dem entgegenzuwirken, gibt es spezielle Isoliermatten, die exakt an die Windschutzscheiben der unterschiedlichen Fahrzeugmodelle angepasst sind. Bei Campingbussen und Kastenwagen kommt als zusätzliche Wärmebrücke die Hecktür hinzu. Aber auch dafür gibt es im Fachhandel fahrzeugspezifische Lösungen – und falls du nicht fündig wirst, kannst du dir diese Matten aus normalen Isomatten selber basteln und zurechtschneiden.

Fußmatten im Eingangsbereich halten die Nässe inklusive Wintermatsch zurück. Bei der Reiserückkehr sollten diese aus dem Wohnmobil mitgenommen werden, damit sie im warmen Zuhause ordentlich trocknen können.

— Aus Markus' Erfahrung —

Du hast es in diesem Buch längst bemerkt: Ich bin ein totaler Spießer. In meinem Camper herrscht immer absolutes Straßenschuhverbot! Im Winter ist das selbstredend. Um den Dreck nicht ins Fahrzeug gelangen zu lassen, stelle ich meine nassen Schuhe direkt in eine Kiste, in der sie trocknen. Solltest du mich immer noch für einen WoMo-Punk halten, dann nimm das: Im Winter trage ich in meinem Kasten sogar Hausschuhe. Der Luxus einer Fußbodenheizung kann das zwar verhindern, kostet aber zusätzliche Energie. Obendrein kann eine Weile vergehen, bis sie das gewünschte Ergebnis liefert. Davon abgesehen kommt mit zimpfdigen Hüttenschuhen eine griabige Stimmung auf – ich denke, das muss ich nicht übersetzen.

Im Winter gestaltet sich die WoMo-Energieversorgung generell schwierig. Die Sonne steht zu tief, um ausreichend Strom über die Solarzelle zu erzeugen. Auf der einen Seite steht also weniger Sonne für die Energieerzeugung zur Verfügung, auf der anderen Seite wird es abends früh dunkel, und du benötigst mehr Energie für Licht und Heizung. Wohl dem, der über eine Brennstoffzelle oder Landstrom verfügt. Ganzjährig geöffnete Stell- und Campingplätze versorgen dich in der Regel auch während der kalten Jahreszeit mit Strom. Achte beim Verlegen des Kabels darauf, dass der Schneepflug es nicht erwischt und dir den Stecker zieht.

Tagsüber, wenn du der romantischen Winterlandschaft frönst, wäre das komplette Durchheizen auf konstante 22°C vergeudete Energie. Eine Grundwärme, damit die Leitungen nicht einfrieren, ist absolut ausreichend. Verfügst du über Landstrom, empfehle ich dir einen kleinen elektrischen Heizstrahler. Nach einer traumhaften Tour unterstützt er deine Heizung beim schnellen Aufwärmen des WoMos.

Im Unterschied zum Reisen im Sommer friert dir deine nasse Kleidung draußen an der Wäscheleine eher ein, anstatt zu trocknen. Es bleibt also nichts anderes übrig, als es im Fahrzeug zu versuchen. Dafür bietet sich eine Haltevorrichtung im Badezimmer an. Solange du die Nasszelle nicht benutzt, kannst du deine Kleidung dort durch Zuschalten der Heizung im Nu trocknen. Damit sich dein Wohnmobil in kein Dampfbad verwandelt, solltest du in regelmäßigen Abständen ordentlich Stoßlüften.

Bist du bereit für das weiße WoMo-Wintervergnügen? Ich selbst bin ein absoluter Wintercampingfan, aber wenn du alldem nichts abgewinnen kannst, musst du dein Wohnmobil entweder monatelang einmotten – oder du flüchtest in südliche Gefilde und überwinterst in der Sonne. Auch eine sehr spannende Alternative!

BUSINESSCAMPING – WARUM NICHT?

Wenn ich ein Ziel mit diesem Buch verfolge, dann dich zu animieren, dein Wohnmobil bestmöglich zu nutzen und nicht nur auf Urlaube zu reduzieren. Warum? Weil es geil ist!

Dein Wohnmobil ist einfach praktisch – zum Beispiel für Möbeltransporte, als fahrender begehbarer Kleiderschrank, für Partybesuche (um die Frage »Fährst du oder ich?« getrost ignorieren zu können), oder eben um darin zu arbeiten. Ich nenne es »Businesscamping«, denn ich verbinde meinen Job gerne mit meinem Hobby. Beim Businesscamping unterscheide ich drei verschiedene Arten: das Termin-Business, Camping-Life-Balance und Homeoffice 2.0.

Termin-Business

Stell dir vor, du könntest auf deinen Dienstreisen Flug oder Bahnfahrt gegen einen coolen Roadtrip in deinem Van tauschen: Statt im Businesshotel übernachtest du komfortabel auf deiner Matratze mit deinem Lieblingskopfkissen. Nicht Stress und Hektik prägen deine Geschäftsreisen, sondern entspanntes Fahren, spannende Hotspots zur Übernachtung und kleine Abenteuer. Anders als früher müsstest du nicht mehr zum Bahnhof hetzen und hoffen, das Hotel rechtzeitig zu erreichen. Nach dem Abendessen mit deiner Familie bringst du die Kinder ins Bett und dann ab auf die Straße. Gemütlich fährst du deinem Termin so weit entgegen, wie es deine Verfassung zulässt. Am nächsten

Tag checkst du dann aus, wenn du es möchtest, und nicht, wann es dir das Hotel vorschreibt. Deine Bonus- und Statusmeilen tauschst du gegen deinen persönlichen VIP-Service mit allen Annehmlichkeiten, die dein Herz höherschlagen lassen.

Klingt gut? Ich kann dir aus eigener Erfahrung versichern: Es ist sogar noch viel besser.

Work-Camping-Balance

Bist du wie ich oft im Außendienst unterwegs? Mehrere Termine in einer Region an aufeinanderfolgenden Tagen sind keine Seltenheit? Dann lege dir, soweit es deine Arbeit erlaubt, deine Termine ganz bewusst und kreiere dir so deinen eigenen Business-Roadtrip. Abgestimmt auf diese Route kannst du alles mitnehmen, was auf der Tour Spaß bereiten könnte: sämtliche Sportgeräte, das Fahrrad, einfach nur die Wanderstiefel – oder wie in meinem Fall SUP und den (Motor-)Gleitschirm. Statt deine Pausen in tristen Kantinen zu verbringen, geht es aufs Rad oder auf Entdeckungstour. Nach so einem unternehmungsreichen Tag wird dir dein Feierabendbier direkt noch viel besser schmecken.

Aus Markus' Erfahrung

Zu meinem großen Glück finden meine Termine oft in tollen Gegenden statt, wo ich meine Hobbys voll ausleben kann. Vor einem Termin in der Schweiz beispielsweise stelle ich mir den Wecker auf 4.30 Uhr. Am Fuße des Berges stehend, mache ich mich, bepackt mit dem Gleitschirm, auf den Weg. Oben angekommen, genieße ich bei Sonnenaufgang einen kleinen Espresso. Kommt der Wind aus der richtigen Richtung, gleite ich gemütlich dem Tal entgegen und genieße das Leben. Unten angekommen wird fix geduscht und ab ins Meeting. Die Laune ist perfekt!

Homeoffice 2.0

Wer sagt eigentlich, Homeoffice sei nur in festen vier Wänden möglich? Es mag dir komisch vorkommen, aber fast wöchentlich packe ich morgens meine sieben Sachen und mache mich mit dem Camper auf, um an einem schönen Ort zu arbeiten. Es ist keine Seltenheit, dass das vielleicht nur fünf Minuten von daheim entfernt liegt. Die neue Umgebung und das Reduzierte verleihen mir persönlich deutlich mehr Kreativität und mehr Power für meinen Job. Eine Telefonkonferenz auf einem schönen Bänkchen im Grünen und danach direkt die E-Mails am Rechner abarbeiten – mit dem Camper als mobiles Büro ist das kein Thema. Abends, wenn alle genervt vom Arbeitstag nach Hause kommen, laufe ich mit breitem Grinsen im Gesicht ein und ernte neidvolle Blicke.

Vollkommen logisch: Dein Job muss Businesscamping zulassen – sowohl deine Chefin als auch deine Tätigkeit an sich. Wenn du wie ich lediglich auf eine stabile Internetverbindung und ausreichend Strom für deine Arbeitsgeräte angewiesen bist, ist Businesscamping für dich relativ einfach zu realisieren.

Zudem bietet diese Form der mobilen Arbeit unter Umständen auch finanzielle Vorteile. Ein Roadtrip ist letztlich bestimmt preiswerter als eine vergleichbare Tour mit Bahn, Taxi und Hotel. Das freut auf der einen Seite den Arbeitgeber, auf der anderen Seite kann es sich für dich lohnen, entsprechende Pauschalen für Verpflegung, Übernachtung und gefahrene Kilometer abzurechnen. Diese Rechnung ist jedoch sehr komplex und hängt von ganz vielen individuellen Faktoren ab. Falls du für diese Art des Arbeitens offen bist, tausche dich mit deinem Steuerberater darüber aus und sprich vielleicht auf der nächsten Weihnachtsfeier auch mal deine Chefin darauf an.

Fazit: Es muss nun nicht plötzlich jeder im WoMo arbeiten. Ich für meinen Teil bin mir bewusst geworden, wie extrem gut mir diese Reiseform tut – und damit auch meinem Job. Mittlerweile verbringe ich deutlich mehr Tage geschäftlich im Camper als auf reinen Urlaubstouren. Gleichzeitig finde ich meine ganz persönliche Work-Life-Balance wie von allein, denn jede Tour fühlt sich auch ein wenig wie Urlaub an.

Das Wichtigste nochmal zusammengefasst:

- Das richtige Beladen deines WoMos schützt dein Equipment und vor allem dich und deine Crew.
- Im Optimalfall fährt sich ein Camper wie ein PKW – das ändert sich in Extremsituationen.
- Halte dich an den Stellplatz-KNIGGE und genieße gute Nachbarschaft.
- Auf Übernachtungsplätzen wirst du immer wieder dieselben Campertypen treffen – das ist ganz normal!
- Neben dem bekannten Sommerurlaub stellen Winter- oder Businesscamping tolle Alternativen dar.

 Life Hack

Beim Wintercamping verwandelt eine einfache Teleskop-Duschstange dein Badezimmer in eine perfekte Trocknungskammer für feuchte Jacken und Skihosen. Mit schmalen Kleiderbügeln kannst du viele Kleidungsstücke über Nacht problemlos trocknen. Achte nur beim Einspreizen der Stange darauf, dass die empfindlichen Wände nicht beschädigt werden. Sorge außerdem mit häufigem Stoßlüften dafür, dass sich keine Feuchtigkeit in den Möbeln absetzt.

Firmware-Update

 Die Welt dreht sich. Aktuelle Gesetzesänderungen und neue Links aus diesem Kapitel findest du unter:
www.how-to-womo.de/kapitel-6

7

NACH DER REISE
(IST VOR DER REISE)

Traurig, aber wahr: Auch der schönste Campingurlaub ist irgendwann vorbei. Dann heißt es erstmal Wäsche waschen, den Freunden die tollen Fotos vom Roadtrip zeigen und das Schätzchen wieder auf Hochglanz polieren.

ZURÜCK AN DER HOMEBASE

Tage- oder wochenlang war dir dein Wohnmobil zu Diensten, trautes Heim und treues Gefährt zugleich. Damit die verdiente Ruhepause störungsfrei verläuft, gehst du am besten genauso planvoll vor wie vor der Reise.

Entleeren und entsorgen
Zwei Dinge hast du im Idealfall schon vor der Heimfahrt erledigt: Die Chemietoilette und den Grauwassertank auf einem Stell- oder Campingplatz zu entleeren, gestaltet sich meist einfacher als in den eigenen vier Wänden

Falls es sich gar nicht vermeiden lässt, dann wird die Toilette eben zu Hause entleert und per Gartenschlauch (in der Wohnung alternativ per Duschschlauch) mit Frischwasser gereinigt. Da in meinem Spülwasser immer noch Reste des Biosanitärzusatzes enthalten sein können, entsorge ich es ausschließlich über die Haustoilette.

Das Camperabwasser aus dem Grauwassertank einfach in die Einfahrt zu kippen, ist nicht die feine Art, und auch das Verklappen in einen Gully scheidet aus: Selbst im besiedelten Gebiet ist nicht garantiert, dass dieser Abwasserkanal zu einer Kläranlage führt. Es bleibt dir nichts anderes übrig, als dein Grauwasser mit Flachkanistern oder Wannen unter dem WoMo-Abfluss aufzufangen und zum Hausausguss zu schleppen.

Wenn du dir also das Gerenne inklusive Sauerei sparen möchtest, erledige dies schon an einer entsprechenden Entsorgungsstation auf Stellplätzen, Campingplätzen oder Raststationen. Im Vergleich ein Kinderspiel!

Tipp

Anders als in Italien oder in der Schweiz gibt es in Deutschland relativ wenige Raststätten, die eine Entsorgungsstation für Wohnmobile bieten. Ich habe mir angewöhnt, bei meiner letzten Etappe auf die Van-Toilette zu verzichten, da meine nächste Entsorgungsstelle circa 30 km von meinem Zuhause entfernt liegt. Alternativ baue ich diese Einrichtung auf meiner letzten Etappe in meine Routenplanung ein.

An deiner Homebase angekommen, gibt es noch einige To-dos: Die Bettbezüge kommen zusammen mit den Klamotten in die Wäsche, der vorbildlich an einem speziellen Platz gesammelte Müll in die Tonne. Danach geht es weiter mit dem Kühlschrank: Er sollte bei allen längeren Pausen komplett entleert werden. Durchsuche auch sämtliche Kästchen und Schränke im Wohnmobil, falls sich noch irgendwo Gegenstände versteckt haben. Vor allem Lebensmittel können zu unangenehmen Begegnungen mit blinden Passagieren führen, wenn du deine nächste Tour startest – oder im Falle eines Mietmobils der nächste Mieter.

Das restliche Frischwasser solltest du gegebenenfalls vollständig aus dem Tank, dem Boiler und den Leitungen entlassen. Das kannst du bedenkenlos in deiner Einfahrt tun, denn es enthält weder Schmutz noch schädliche Chemikalien.

Das Ablassen des Frischwassers ist nicht zwingend notwendig, wenn du nach ein paar Tagen direkt wieder auf Tour gehst und dein WoMo nicht in der prallen Sonne steht. Um in diesem Fall für bestmögliche Wasserqualität zu sorgen, ist es ratsam, den Tank komplett zu füllen und zusätzlich mit einem Wasserkonservierungsmittel zu versehen, zum Beispiel einem Silbernetz.

WoMo-Innenraum putzen

Nun geht es ans Reinemachen: Ein Ausflug an den Strand, in die Berge oder einfach nur in das nahe gelegene Kleinstädtchen hinterlässt seine Spuren. Das Wohnmobil will wieder glänzen. Zum Putzen verwende ich in erster Linie Mikrofasertücher und reines Wasser. Diese Reinigungsart schont nicht nur Umwelt und Geldbeutel, sondern auch die Möbel deines WoMos.

Was die Reinigung betrifft, bin ich wirklich ein vielfach anerkannter Freak: Seit einem berufsbedingten Housekeepingpraktikum in einem Hotel habe ich immer das passende Mikrofasertuch zur Hand. Bei mir haben die Tücher sogar je nach Bereich unterschiedliche Farben (rot für die Toilette, grün für Dusche und Waschbecken, blau für den Rest) und jeweils zwei verschiedene Stärken (das gröbere zum Reinigen, das feine zum Nachpolieren).

Im ersten Moment könnte man meinen, das Reinigen eines Campers sei dasselbe wie das Putzen zu Hause. Aber dazu sage ich ganz klar nein. Zum einen sind das Inventar und die Möbel eines Campers viel filigraner. Beispiel Verdunkelungen: Der Sog eines zu starken Staubsaugers kann sie schnell vollständig verschlingen, darum ist hier besonders sachtes Vorgehen gefragt.

Ein zweiter großer Unterschied, der wirklich jeden Bereich im WoMo betrifft, ist das Material, natürlich abhängig vom jeweiligen Ausbau. Beispielsweise enthalten haushaltsübliche Toilettenreiniger mitunter Stoffe, die einer normalen Campertoilette langfristig schaden werden. Im Gegensatz zur häuslichen Badezimmerkeramik spielt nämlich das Gewicht im Wohnmobil eine große Rolle – darum bestehen Toiletten und Spülbecken oft aus Kunststoffteilen. Entsprechend schonende Reinigungsprodukte für diese und praktisch alle anderen Einsatzbereiche gibt es im Campingfachhandel.

Mein Putzplan ist immer gleich: Zuerst wird gesaugt, danach gewischt und geschrubbt, und zum Schluss nehme ich mir spezielle Bereiche vor wie die Polstermöbel, den Kühlschrank oder das Cockpit.

An dieser Stelle bist du mit der Innenreinigung eines Mietmobils in der Regel fertig. Ansonsten ist nur noch der Strom abzustellen und gegebenenfalls das Gas abzudrehen.

In deinem eigenen Wohnmobil kannst du, falls du jederzeit startklar sein willst, nun noch die verbrauchte Grundausstattung auffüllen. Dazu gehören zum Beispiel Toilettenpapier, Sanitärzusatz, Trinkwasserflaschen und so weiter, um damit direkt ins neue Abenteuer aufbrechen zu können.

Außenreinigung

Da ein größeres Wohnmobil nicht in eine übliche Waschstraße passt, wird die Außenreinigung zum aufwendigen Unterfangen. Ja, es gibt LKW-Waschstraßen und sogar spezielle Wohnmobil-Waschanlagen, und dennoch suche ich immer SB-Waschboxen auf. Der einfache Grund: An einem Wohnmobil befinden sich viele Anbauteile wie die Markise, Solarpaneele, Dach- oder Fahrradträger. Selbst wenn du eine Waschstraße findest, deren Reinigungsbürsten auf diese Stellen weniger Druck ausüben, so bleibt doch das Problem, dass die Stellen darunter und daneben nicht wirklich sauber werden. Hier ist der Hochdruckreiniger das richtige Mittel der Wahl.

Um auch an die höchste Ecke deines Daches zu kommen, rentiert sich der Weg zu einer Waschbox mit Seitenbühne. Von diesem Gerüst aus bist du in der Lage, das Dach deines WoMos spielend und ohne große Mühe zu säubern. So gehst du mit System vor:

- zunächst Sand und Dreck mit dem Hochdruckreiniger vom Fahrzeug abspülen
- mindestens 20–30 cm Abstand lassen, um den Lack nicht zu beschädigen
- einen Bogen um Lüftungsgitter und Gaskamine machen, um keine Wasserschäden zu verursachen
- mit einer komplett sauberen Schaumbürste nacharbeiten, um keine Kratzer im Lack zu verursachen
- das Reisemobil mit klarem Wasser abspülen
- bei Bedarf mit Wachs nacharbeiten, um den Lack nachhaltig zu schützen

Eines ist ganz wichtig: Beim gesamten Vorgehen bleiben die Seitenfenster außen vor. Sie outen sich als besonders kratzempfindlich, weil sie häufig aus Acryl bestehen. Von intensiven Wäschen in der Waschanlage oder mit dem Hochdruckreiniger werden sie milchig und gehen über kurz oder lang kaputt. Diese Fenster bearbeite ich nicht einmal mit der Schaumbürste, sondern greife auch hier – du ahnst es schon – wieder nur zu speziellen Mikrofasertüchern und klarem Wasser. Bei hartnäckigem Schmutz verwende ich speziellen Acrylglasreiniger aus dem Fachhandel.

Jetzt strahlt er wieder, dein Liebling! Sowohl von innen als auch von außen sieht das Schätzchen aus wie neu und lässt direkt wieder das Reisefieber ausbrechen – denn nach der Reise ist immer auch vor der Reise.

— Aus Markus' Erfahrung —

Wie oft ist die routinemäßige Autowäsche dran? Es ist ein Spagat: Auf der einen Seite will ich nicht zu oft säubern, um die Umwelt nicht unnötig zu belasten. Auf der anderen Seite handelt man mit einem gut gepflegten WoMo nachhaltig, weil man Rost keine Chance gibt und damit notwendigen Reparaturen vorbeugt. Im Winter greife ich daher öfter zu Bürste und Co. um meinen Kasten vom gemeinen Salz zu befreien. In den Sommermonaten halte ich mich mit der Außenwäsche etwas zurück.

RICHTIG PARKEN

Nach getaner Arbeit wird das WoMo abgestellt beziehungsweise geparkt. Kein Problem, wenn du zu Hause den notwendigen Platz dafür hast. Ist dieser aber nicht vorhanden, kann es unter Umständen etwas schwieriger werden. Die gute Nachricht: Grundsätzlich darfst du dein Wohnmobil überall dort parken, wo es nicht ausdrücklich verboten ist und solange es dein TÜV hergibt.

Das klingt erst einmal einfach, bei genauerem Hinsehen gibt es aber doch ein paar Spitzfindigkeiten: Ein ausgewiesener Parkplatz für PKW – zu erkennen am blauen P-Schild mit einer PKW-Abbildung darunter – ist kein Parkplatz für Wohnmobile. Dabei spielt das Gewicht deines Campers keine Rolle, sondern die Art der Zulassung. Oftmals werden auf Parkplätzen Wohnmobile durch entsprechende Beschilderung sogar explizit ausgeschlossen. Wenn auf möglichen Parkplätzen Markierungen angebracht sind, darf dein Wohnmobil nicht darüber hinausragen. Sollte das Parken auf dem Gehweg erlaubt sein, gilt das nur für Fahrzeuge bis 2,8 Tonnen. Schafft es dein Campingbus in diese Gewichtsklasse, so musst du zudem darauf achten, dass keine Schachtdeckel oder sonstige Verschlüsse blockiert werden.

Falls du dich für ein großes Dickschiff mit über 7,5 Tonnen entschieden hast, wird es jetzt unangenehm: In Wohn- und Erholungsgebieten innerhalb geschlossener Ortschaften ist das Parken für Fahrzeuge dieser Größenordnung von 22 bis 6 Uhr sowie an Sonn- und Feiertagen untersagt. Ausnahmen bestätigen zwar wie immer die Regel, doch diese vielen Richtlinien machen die Suche nach einem passenden Parkplatz in Städten fast unmöglich.

Beim dauerhaftem Abstellen des Reisemobils, also zum Beispiel über die Wintermonate, ist die Art der Anmeldung zu bedenken: Verfügt dein WoMo nur über Saisonkennzeichen, oder bleibt es durchgängig angemeldet? Auf öffentlichen Parkplätzen darf dein Wohnmobil grundsätzlich stehen bleiben, sofern es angemeldet und das Parken von WoMos nicht allgemein untersagt ist.

Achtung: Nicht jeder Platz, wo das Abstellen erlaubt ist, eignet sich dazu über einen langen Zeitraum. Steht dein WoMo unter einem Baum, können Zweige oder ganze Äste bei Sturm abbrechen und dein Dach oder Aufbauteile wie Solaranlage oder Hekis beschädigen. Manch ein Parkplatz

Verkehrsregeln für das Parken von Wohnmobilen

	WoMo bis 2,8t	WoMo 2,8–3,5t	WoMo über 3,5t
Verkehrsverbot für Kfz über 3,5t	nicht betroffen	nicht betroffen	betroffen
Parken auf Gehwegen	Parken erlaubt	Parken nicht erlaubt	Parken nicht erlaubt
nur Wohnmobile	betroffen	betroffen	betroffen
nur Kfz über 3,5t	nicht betroffen	nicht betroffen	betroffen
haltende Fahrzeuge bei Dunkelheit innerhalb geschlossener Ortschaften	nicht betroffen	nicht betroffen	Standlicht o. Warntafel
haltende Fahrzeuge bei Dunkelheit außerhalb geschlossener Ortschaften	Standlicht	Standlicht	Standlicht

offenbart sich irgendwann als Taubenklo – und Vogeldreck sieht nicht nur unappetitlich aus, sondern greift auch Lack und Acrylfenster an.

Zudem kann ein dauerhaft geparktes Mobil den Unmut der Anwohner erregen. Frustrierte Parkplatzsuchende werden mitunter äußerst kreativ, um Camperbesitzern das Parken ihres Fahrzeugs madig zu machen. Eine kurze Abstimmung mit den Nachbarn kann dem vorbeugen oder eventuell ganz neue Ideen eröffnen, welcher Parkplatz sich für das Urlaubsgefährt eignet.

Für die Zeit zwischen zwei Reisen lautet meine Empfehlung, dir für dein Wohnmobil einen festen Stellplatz oder noch besser eine Unterstellmöglichkeit in einer Garage oder einer Halle zu suchen, denn dort steht das WoMo am liebsten. Die entsprechenden Ausgaben sind gut investiert, denn hier ist dein Fahrzeug bestmöglich vor Unwetter und anderen äußeren Einflüssen geschützt. Bei der Suche nach dem passenden Winterquartier hilft zum Beispiel Promobil oder auch die bekannten Immobilienportale unter dem Suchbegriff »Winterabstellplätze«.

Tipp

Aus dem Auge, aus dem Sinn: Ist die Abholung deines Wohnmobils mit zu viel Aufwand verbunden, wird dich das so einige Wochenendtouren kosten – schade aber wahr. Aus diesem Grund wollte ich unbedingt vermeiden, dass mein Wohnmobil zu weit weg steht. Die Suche nach einem passenden Abstellplatz hatte ich anfangs unterschätzt. In meiner Region konnte mir kein einziges Internetportal weiterhelfen, und die Suche artete in Arbeit aus. Schließlich fuhr ich mit dem Fahrrad von Hof zu Hof und fragte nach – mit Erfolg.

Falls du auf der Suche bist, frage bei deinen Buddys, die täglich mit vielen Menschen in Kontakt sind und stets ein gutes Wort für dich einlegen: Friseure, Steuerberater, Gastwirte, Ärzte, regionaler Fachhandel und alle, die sich gerne umhören. So findest du vielleicht genau das richtige Winterdomizil für dein WoMo, auf das du von allein nie gekommen wärst.

WOMO EINMOTTEN

Auch wenn ich dich in Kapitel 6 wider Erwarten nicht vom Wintercamping überzeugt habe und du dich fürs Einmotten entscheidest: Das Wohnmobil winterfest machen gilt für beide Welten! Denn leider kann schon eine Menge schiefgehen, wenn das unbeheizte Fahrzeug nur wenige Tage lang Minusgraden ausgesetzt wird. Was ist also zu tun?

- Das Fahrzeug komplett von außen reinigen (*siehe Seite 213*).
- Diesel- bzw. Benzintank füllen, um die Entstehung von Rost durch Kondenswasser zu verhindern.
- In Kühlwasser, Waschanlage und gegebenenfalls in der Wasserheizung für ausreichend Frostschutzmittel sorgen.
- Beim längerem Abstellen nur den Gang einlegen (oder P bei Automatikgetriebe) und keine Handbremse ziehen, damit die Bremsklötze nicht festrosten.
- Bremskeile zur Sicherung nutzen, damit dein WoMo auf unebenem Untergrund nicht abhaut.
- Reifen entlasten – hier hast du mehrere Möglichkeiten:
  1. Hubstützensystem verwenden, falls vorhanden.
  2. Reifenstellung in regelmäßigen Abständen um eine Vierteldrehung verändern, sofern ausreichend Platz zur Verfügung steht (Motor nicht starten, um die Batterie zu schonen).
  3. Reifendruck um 0,5 Bar erhöhen (zuvor bitte mit deinem Reifenhändler abklären).
- Gummidichtungen mit Pflegemitteln geschmeidig halten.
- Polster aufstellen, Matratzen zur Seite kippen und

Schränke öffnen, um Kondenswasser- und Schimmelbildung zu vermeiden.

- Regelmäßig lüften, anstatt Luftentfeuchter zu nutzen – diese ziehen die Feuchtigkeit letztlich nur wieder ins Fahrzeug, denn 100 Prozent dicht sind Wohnmobile nicht.
- WoMo trockenlegen: Wasser raus aus dem gesamten Kreislauf, angefangen bei der Pumpe über die Leitungen, Hähne, Siphons und Boiler bis hin zu Frisch- und Abwassertank.
- Gasflaschen abdrehen und alle Gashähne sperren.
- Bei gasbetriebenen Kühlschränken und Heizungen die mitgelieferten Winterabdeckungen verwenden.
- Stromhauptschalter auf null stellen oder die Sicherungen abschalten.
- Das WoMo nach Möglichkeit an Landstrom anschließen, um die Batterie geladen zu halten – andernfalls die Bord- und Starterbatterie vollständig laden, abklemmen und an einem frostsicheren Ort lagern.

Nun wird es Zeit, Servus zu sagen und das WoMo getrost in den Winterschlaf zu schicken. Der Abschied fällt schwer, aber je besser du dich beim Einmotten um dein Baby kümmerst, umso schöner wird das Wiedersehen im Frühling. In der Zwischenzeit entspannt sich dein Wohnmobil und du schmiedest Pläne für neue Touren. Wohin auch immer eure gemeinsamen Reisen gehen sollen: Ich wünsche viel Spaß dabei – und allzeit gute Fahrt!

Das Wichtigste nochmal zusammengefasst:

- Entsorge Toiletteninhalt und Grauwasser im besten Fall vor der Abfahrt am Campingplatz.
- Lebensmittel und Verderbliches aus dem Fahrzeug entfernen.
- Das WoMo nicht mit aggressiven Haushaltsreinigern putzen, sondern am besten nur Wasser und Mikrofasertücher verwenden.
- Bei der Außenreinigung darauf achten, dass Anbauteile nicht beschädigt werden oder Acrylfenster verkratzen.
- Bei kurzen WoMo-Pausen alles so vorbereiten, dass du direkt wieder losfahren kannst.
- Das Wohnmobil bei Nichtbenutzung richtig vor Minustemperaturen schützen, auch wenn das WoMo nur wenige Tage im Freien steht.

Life Hack

Die Wasserhähne und -leitungen für eine längere Standzeit komplett vom Wasser befreien ist ganz einfach: Stelle den Strom ab und öffne alle Ablassventile sowie den Wasserhahn. Blase dann einen Luftballon auf und stülpe ihn über einen Hahn. So wird die Leitung freigepustet.

Firmware-Update

Die Welt dreht sich. Aktuelle Gesetzesänderungen und neue Links aus diesem Kapitel findest du unter:

www.how-to-womo.de/kapitel-7

GLOSSAR

Die **AGM-Batterie** (»Absolvent Glass Mat«) ist eine Konstruktionsform einer Blei-Säure-Batterie. Bei dieser Bauform wird der Elektrolyt in einem Vlies aus Glasfaser gebunden.

Autarkie bedeutet Unabhängigkeit. Im Campingleben heißt das, dass man bewusst auf die Annehmlichkeiten eines Camping- oder Stellplatzes verzichtet. Man sorgt selber für Wasser und Strom.

Camping stammt von dem lateinischen Wort »campus« ab. Übersetzt heißt es »Feld«. Camping bezeichnet eine Form des Tourismus, wobei in Zelten, Hängematten, Wohnmobilen oder Wohnwagen übernachtet wird.

Comformatic: klassisches, elektronisch-hydraulisch gesteuertes Automatik-Schaltgetriebe (ASG) mit der gleichen Mechanik eines manuellen Sechsgang-Schaltgetriebes. Die Information, wann in welchen Gang geschaltet werden soll, bekommt die Steuereinheit per Software vom Drehzahlmesser.

Dinette: Kombination aus zwei gegenüberliegenden Sitzbänken mit dazwischenstehendem Tisch

Ein **Dongle** ist ein kleiner Digital-Stick, der einen Fernseher zum Streaminggerät macht. Als Schnittstelle zum Fernseher dient meist ein HDMI-Anschluss. Gleichzeitig muss der Dongle mit Strom versorgt werden. Via WLAN wählt sich der Dongle ins Internet ein. Je nach Anbieter (z. B. Sky, Netflix, Amazon, Google usw.) stehen unterschiedliche Streaminginhalte zur Verfügung.

Als **Garage** bezeichnet man den Kofferraum eines Wohnmobils. Er befindet sich meist im hinteren Bereich unter einem Bett und ist von außen zugänglich.

Eine **Gel-Batterie** ist eine Bauform des Bleiakkumulators. Der Elektrolyt wird bei der Gel-Batterie durch einen Zusatz von Kieselsäure (gelartig) gebunden.

Glamping setzt sich aus den englischen Begriffen »glamorous« und »Camping« zusammen und steht für luxuriöses Camping.

Heki ist die Abkürzung für »Hebe-Kipp«. Es handelt sich um die verbauten Dachluken bzw. Dachfenster in einem Wohnmobil oder Wohnwagen, die durch einen Hebe- und/oder Kippmechanismus geöffnet werden.

Hubbett: Ein Bett, das während der Fahrt direkt unterhalb der Decke aufgehängt ist. Für die Schlafstellung kann das Bett per Seilzug (oder anderer Mechanismen) abgesenkt werden. Am Tag gewinnst du somit Wohn- oder Stauraum, den du in der Nacht zum Schlafzimmer umfunktionieren kannst.

Offroad 4x4 bezeichnet Fahrzeuge mit Allradantrieb. Expeditionsmodelle verfügen zudem oft über eine Differenzialsperre. Mit dieser Antriebsform hast du die besten Chancen, in Sanddünen oder anderen schwierigen Geländen zu bestehen.

POI: kurz für Point of Interest, Sehenswürdigkeit

Ver- und Entsorgungsstellen ermöglichen dem Wohnmobilisten das Ablassen von Wasser aus dem Grauwassertank (Abwasser) und das Befüllen von Frischwasser. Zudem kann über eine separate Einrichtung der Fäkalientank entleert werden.

Web Catcher bezeichnet eine Antenne, mit der man in der Lage ist, ein weit entferntes und schwaches WLAN-Netz zu verstärken und über einen Router im Wohnmobil verfügbar zu machen. Netze, in die sich andere Devices (Handy, Tablet etc.) nicht mehr einwählen können, kann der Travel Connector einfach aufnehmen und den anderen Geräten zur Verfügung stellen.